Juntos, pero con capitulaciones

Luis Humberto Cruz

Título original: Juntos, pero con capitulaciones

ISBN: 978-xxx-xxxxx-x-x

1ª edición: 2025

Diseño y composición: Stilo Media

Impreso por Stilo Media
stilo.media

Tabla de contenido

INTRODUCCIÓN

Este libro busca desmitificar y aclarar un tema tan controvertido como las capitulaciones matrimoniales o concubinarias. A menudo, las capitulaciones son vistas con desconfianza, asociadas a la codicia o la desconfianza entre las partes. Sin embargo, lejos de ser una herramienta para privar a alguien de algo, las capitulaciones son un mecanismo que permite proteger tanto los derechos individuales como los del matrimonio.

El propósito de esta obra es romper el silencio y la ignorancia que rodea este tema, proporcionando una explicación accesible y clara. Queremos eliminar las falsas percepciones que generan tensiones prematrimoniales e incluso conflictos dentro del matrimonio o del concubinato. Las capitulaciones no deben ser vistas como un presagio de problemas futuros, sino como un acuerdo racional que evita complicaciones legales y emocionales en caso de separaciones o divorcios.

La realidad es que, en muchos contextos, las capitulaciones se perciben como una ofensa, como si uno de los dos estuviera "anticipando el final" o pretendiendo adueñarse de algo que no le corresponde aún. Este malentendido, tan arraigado en nuestra cultura, debe ser erradicado para que el debate sobre el régimen patrimonial en las uniones de pareja se lleve a cabo de forma saludable y constructiva.

Este libro pretende despojar el tema de tecnicismos legales innecesarios y ofrecer una visión clara y accesible para cualquier persona interesada en entender las capitulaciones. En él, se abordarán no solo los aspectos legales, sino también las implicaciones emocionales y sociales que acompañan a este acuerdo. Esperamos que esta obra sirva para despejar dudas y para que cualquier persona pueda hablar del tema con conocimiento de causa, en lugar de repetir estereotipos y prejuicios.

El origen de las capitulaciones matrimoniales

Un poco de historia:

Comenzamos con un vistazo a la Zaragoza del siglo XV. Las capitulaciones matrimoniales surgieron como un capítulo dentro de los acuerdos matrimoniales, comúnmente asociado a la dote que la mujer aportaba al matrimonio. Esta dote tenía como finalidad contribuir a los gastos comunes del hogar y debía ser devuelta en caso de disolución matrimonial.

En Aragón, y actualmente en el derecho civil español, las capitulaciones matrimoniales podían pactarse tanto antes como después de contraer matrimonio. Con relativa frecuencia, se observaban capitulaciones celebradas en matrimonios con muchos años de vigencia. En estos casos, la principal motivación solía ser económica: desacuerdos sobre la propiedad de los bienes y su administración durante el matrimonio. También era común establecer capitulaciones cuando se preveían dificultades financieras en alguno de los miembros de la pareja. Además, se podían incluir cuestiones extrapatrimoniales, como estipular qué personas no eran bienvenidas en la convivencia matrimonial, fueran o no familiares. Estas capitulaciones permitían convenir sobre temas altruistas, como la caridad hacia terceros, o incluso contemplar efectos jurídicos inmediatos que precedían al matrimonio, como el reconocimiento de un hijo natural. Todo esto contrasta con el carácter accesorio que muchos de estos temas tienen hoy en día dentro del matrimonio.

En 1981, una reforma en España disminuyó la preponderancia del marido en la administración de los bienes matrimoniales, limitando su capacidad para endeudar el patrimonio familiar. A partir de entonces, se modificó el sistema de administración, permitiendo a la mujer una mayor participación en la gestión económica del matrimonio, pudiendo incluso controlar la conducta financiera del marido. Esta reforma consolidó la figura de las capitulaciones matrimoniales como un mecanismo de equidad dentro del matrimonio.

En América Latina, la historia es igualmente interesante. En la Colombia de 1930, Georgina Fletcher, junto con un grupo de mujeres reformistas, entre ellas Ofelia Uribe de Acosta, presentaron al presidente Olaya Herrera una propuesta para transformar la legislación en lo referente al derecho de las mujeres a administrar sus propios bienes. El proyecto, conocido como la Ley Sobre Régimen de Capitulaciones Matrimoniales, era tan revolucionario que requería una reforma constitucional. La ley pretendía otorgar a la mujer la posibilidad de gestionar su patrimonio sin la intervención de su esposo, hermano, padre o tutor. El escándalo fue mayúsculo, y la prensa colombiana no tardó en presionar para que la ley no fuera aprobada.

En su obra *"La voz insurgente"*[1], Ofelia Uribe de Acosta narra las palabras del congresista Muñoz Obando, quien con pasión expresó los temores de la época:

> *"Las mujeres colombianas están empeñadas en quebrar el cristal que las ampara y defiende... No saben que, si este proyecto llegara a ser ley, quedarían a merced de todos los comerciantes inescrupulosos que se apoderarían de sus fortunas, que son el patrimonio de sus hijos. ¿Qué podrían hacer sin el esposo, gerente de la sociedad conyugal, que es la inteligencia y el brazo fuerte sobre el cual descansa el patrimonio familiar?"*

Desde las barras del congreso, las mujeres gritaban "¡No queremos tutores!", y el congresista enfurecido respondió: "¡Pero los tendrán con su voluntad o sin ella!".

Georgina Fletcher fue señalada como líder del movimiento, lo que la llevó a ser perseguida y marginada. Murió nueve años después, en aislamiento y extrema pobreza. Sin embargo, el esfuerzo de estas mujeres no fue en vano. En 1932, el proyecto de ley se presentó nuevamente y fue aprobado como la Ley 28. Tras años de lucha, las mujeres colombianas finalmente conquistaron, no solo el derecho de administrar sus bienes, sino también el de poder optar por las capitulaciones matrimoniales.

---

1 URIBE de ACOSTA, Ofelia: Una Voz Insurgente. Capítulo X. Lucha feminista en Colombia (texto web rescatado por Clara Inés Mazo López y Alejandra Restrepo. Enlace: https://ideasfem.wordpress.com/textos/g/g03/).

En Venezuela, el panorama no era muy diferente. Después del movimiento independentista y sus transformaciones, las mujeres venezolanas seguían subordinadas al hombre. Debían obediencia al marido, y no podían contratar ni administrar sus bienes sin su consentimiento. Ni siquiera podían pensar en los bienes comunes, pues la institución del divorcio no existía hasta 1904. En 1922, cuando el país aún se llamaba Estados Unidos de Venezuela, el Código Civil ya mencionaba las capitulaciones matrimoniales. El artículo 180 señalaba:

> *"El marido es representante legítimo de su mujer y administrador de sus bienes, salvo lo estipulado en las capitulaciones matrimoniales."*

Aun bajo el yugo del patriarcado, las mujeres conservaban una herramienta fundamental: la posibilidad de pactar sobre su destino patrimonial, lo que les ofrecía una discrecionalidad significativa, aunque limitada por las normas de la época. Esto les permitió, al menos en parte, controlar su destino económico frente a la eventual ruptura del matrimonio.

¿Qué son las capitulaciones? Mitos, realidades, polémicas y generalidades

"Sé muy bien de qué estoy escapando, pero no qué es lo que estoy buscando."
—Michel de Montaigne

La organización económica del matrimonio y el concubinato se puede ilustrar desde dos perspectivas: la libertad de elección (capitulaciones) y la forma supletoria que se aplica en ausencia de un acuerdo, conocida como gananciales o comúnmente llamada "comunidad conyugal". Aunque estos sistemas no son en absoluto similares, comparten la responsabilidad de los cónyuges o concubinos sobre la gestión económica del hogar.

Del matrimonio o concubinato deriva la obligación mutua de socorro entre los cónyuges o concubinos, sin importar el régimen económico que regule la relación. Esto es un punto en común entre los distintos modelos patrimoniales, y conviene destacar que este deber no está relacionado con la existencia o no de capitulaciones. El hecho de que cada uno conserve la titularidad de sus bienes no exime a ambos de contribuir, en la medida de sus capacidades económicas, a las necesidades del hogar.

Estas obligaciones incluyen todos los gastos habituales: desde reparaciones en el inmueble, independientemente de quién sea el propietario, hasta los gastos de alimentación, servicios públicos, seguros, e incluso los costos que implique el mejoramiento profesional de cualquiera de los dos. Además, este socorro mutuo también cubre los gastos médicos, sin importar su magnitud.

Es oportuno definir qué son las capitulaciones y despojar esta figura del estigma que suele rodearla. Las capitulaciones son vistas, muchas veces, como un tema que toca aspectos sensibles como la confianza, el amor, la consideración, la lealtad y hasta la fidelidad. Sin embargo, debemos aclarar que las capitulaciones no son sinónimo de codicia ni de desconfianza, ni mucho menos representan una amenaza para la relación. Lejos de eso, constituyen un régimen patrimonial que ofrece claridad y orden en la gestión económica, sin que esto deba generar sospechas ni inquietudes.

A pesar de ser únicamente conocidas como un mecanismo de separación de los bienes, es fundamental entender que las capitulaciones son un contrato o modelo patrimonial que regula el aspecto económico del matrimonio o del concubinato. No son una barrera que divide a las parejas, sino un acuerdo voluntario y transparente entre los protagonistas de la relación. Lamentablemente, durante décadas, esta figura ha sido satanizada injustamente, en parte debido al desconocimiento de su naturaleza.

Al igual que para el futuro matrimonio se fomentan cursos orientadores sobre la vida en común, también debería haber una formación clara sobre las implicaciones patrimoniales que afectarán a los contrayentes durante la vida matrimonial.

Es poco frecuente que las parejas comprometidas o antes de convivir discutan con madurez y fluidez estos temas. Ya sea por desconocimiento o por temor, evitan abordar el tema patrimonial. Muchos incluso consideran que, al no poseer bienes significativos, este asunto es irrelevante para ellos. Sin embargo, es sorprendente ver cómo, con el tiempo, la situación económica de las personas puede cambiar drásticamente, afectando las relaciones.

Este contrato, regido por la libre voluntad, permite a las parejas definir el esquema económico que regirá su relación, desde qué bienes se compartirán hasta cómo se manejarán las ganancias. Este acuerdo debe respetar siempre las normas del orden público y las buenas costumbres, sin vulnerar disposiciones legales prohibitivas. Lo más importante es que las capitulaciones aseguran que ningún cónyuge o concubino resulte beneficiado injustamente a expensas del otro.

No es válido, por ejemplo, que las capitulaciones otorguen todos los beneficios a una de las partes y dejen al otro sin protección. Un ejemplo de lo inaceptable sería estipular que los dividendos de acciones pertenecerán únicamente a uno de los cónyuges, mientras que el otro asume el ahorro familiar. Las reglas económicas deben ser igualitarias y aplicarse a ambas partes por igual. El principio aquí es que lo que es justo para uno, lo es para el otro. Este acuerdo debe asegurar que ambos cónyuges o concubinos contribuyan y se beneficien de manera equitativa.

A diferencia del régimen de gananciales, en las capitulaciones no existe una "bolsa común". Cada cónyuge o concubino es responsable de su parte proporcional de los bienes, en función de su contribución. Esto permite que los bienes adquiridos en pareja pertenezcan efectivamente a ambos en proporción a lo que cada uno aportó. Por tanto, en lugar de existir un fondo común, los bienes son compartidos proporcionalmente, al igual que podrían adquirir un bien a medias dos personas sin estar casadas.

Como las capitulaciones no persiguen un fin lucrativo, siempre debe primar la equidad. Si alguna estipulación parece claramente desproporcionada, puede ser atacada legalmente por desequilibrada o injusta.

Cuando hablamos de capitulaciones, nos referimos a la gestión del patrimonio: desde la distribución de ganancias y riesgos, hasta las posibles inversiones futuras. Concretamente, las capitulaciones son un contrato celebrado entre dos personas que van a casarse, entre quienes ya están casados, o entre aquellos que viven en concubinato. Este acuerdo delimita cómo se manejarán los bienes, las ganancias y las responsabilidades durante la relación. Además, permite que uno de los cónyuges o concubinos realice liberalidades hacia el otro, es decir, que pueda donarle libremente bienes, como dinero, inmuebles o vehículos, para que pasen a ser de su exclusiva propiedad.

No obstante, la variedad de estipulaciones que pueden contener, las capitulaciones más comunes en Venezuela son aquellas donde las partes se acogen al régimen de separación total y absoluta de patrimonios, por lo tanto, serían de la propiedad de cada uno de los firmantes, los bienes que obtengan por cualquier título adquisitivo durante la vigencia del matrimonio y los frutos, rentas o intereses provenientes de los bienes propios de cada uno.

Aun así, las capitulaciones pueden ser muy útiles porque a partir de ellas puede haber recíprocas concesiones entre las partes, es decir, que cuando un cónyuge o concubino desee que su pareja sea titular de un bien determinado, sencillamente lo pondrá a su nombre, sin que ello acarree, en un futuro, confusión patrimonial.

"Si la oportunidad no llama, construye una puerta."

—Milton Berle.

Aun con sus bondades, las capitulaciones están expuestas a un mar de subjetividades y de polémicas sentimentales. Algo propio de nuestra idiosincrasia es que las parejas desaprovechan el mejor momento —el idilio— para discutir los aspectos económicos que regirán su relación, ya sea en el matrimonio o en el concubinato. Si estos temas se abordaran a tiempo, se evitarían disputas innecesarias, ya que todas las cartas estarían echadas desde el inicio, sin embargo, las parejas suelen postergar esta conversación hasta después de casarse o comenzar la convivencia, momento en el que realmente se empiezan a descubrir las "costuras" del comportamiento económico del otro. Para bien o para mal, es durante este proceso que realmente nos damos cuenta de quién será nuestro socio o socia, supuestamente para toda la vida.

El problema de no abordar este tema antes del matrimonio o la convivencia —como era obligatorio en nuestro país hasta noviembre de 2021, cuando una decisión del TSJ modificó las formalidades preestablecidas— es que, cuando finalmente surge, suele ser en momentos en los que los ánimos están caldeados. Estos son tiempos de nostalgia y tensiones, donde los argumentos giran en torno a quién gana más dinero, quién tiene mejor suerte, quién trabaja más, y otros temas similares. Incluso intervienen personas ajenas a la relación, lo que puede intensificar las discusiones, que en algunos casos dejan cicatrices emocionales. No cabe duda de que hablar de estos temas pesa, por lo que es preferible hacerlo antes del matrimonio o antes de formalizar el concubinato. Abordarlos durante la relación casi siempre representa una recriminación o una respuesta a reproches. En definitiva, sería un golpe de timón[2] difícil de sortear en el largo camino que supone la relación.

Tratar el tema patrimonial, antes o después, confronta la fluidez de la relación con el señalamiento de culpabilidades, y aunque pueda parecer incómodo, hablar de esto, incluso en el curso de la relación, puede ser la tabla de salvación. Como dice el dicho, "rectificar es de sabios". ¿Requiere madurez y gallardía?, por supuesto, pero discutir estos temas no desvaloriza el amor ni "rompe ningún cristal"; ¡más vale tarde que nunca! Hay temas mucho más difíciles, como confesar una infidelidad, y aun así es posible seguir adelante.

En la mayoría de los casos, hablar de capitulaciones deja un sabor amargo de rechazo y exclusión. Sin embargo, lejos de ser divisorias, las capitulaciones pueden convertirse en una verdadera herramienta de inclusión, especialmente en las que no tienen un enfoque absolutamente divisorio (como veremos más adelante). Para muchos, las capitulaciones son percibidas como una "blasfemia" o un factor de división, pensando únicamente en la fórmula "lo mío es mío y lo tuyo es tuyo", sin entender que esto no necesariamente es así. Las capitulaciones pueden incluir todo tipo de estipulaciones en el matrimonio o concubinato, como el régimen de separación con participación, entre otras modalidades que iremos analizando

2 "Este dicho se usa para indicar que estamos a punto de, o que se precisa efectuar un cambio en el rumbo de las cosas, pues el que presenta actualmente no es conveniente, por distintos motivos". (https://sigificadoyorigen.wordpress.com/2010/06/01/un-golpe-de-timon/).

paso a paso mientras desmitificamos sus efectos en la vida en pareja, especialmente en el aspecto patrimonial.

En esencia, nuestros proyectos personales encarnan nuestra personalidad, y no siempre encajan en sistemas preconcebidos o tradiciones que, en muchos casos, se acercan sigilosamente a la autodestrucción. Aun así, persiste la negación de algo desconocido simplemente porque alguien dijo que no era bueno, sin más explicaciones. ¿Acaso debemos entregarnos al destino solo porque alguien pensó que no era bueno? En medio de esta confusión, y para romper con la inercia, algunas personas —desesperadas por asegurar su patrimonio— elaboran capitulaciones enumerando bienes presentes y exclusivos. No obstante, esto sería en vano, ya que las capitulaciones miran al futuro y no al presente. En las capitulaciones no se trata de listar bienes sino pautas, a menos que se hable de donaciones hechas entre los novios, esposos o concubinos para contribuir a la relación o que se estipulen beneficios o dividendos de ciertos bienes con el fin de mejorar la situación del otro.

Las capitulaciones no son un inventario de bienes, sino un esquema, una fórmula, un contrato que proyecta el aspecto económico de dos personas que pretenden compartir su vida. En resumen, no se trata de bienes presentes, sino de un mecanismo que será el órgano rector patrimonial durante el matrimonio o el concubinato. Este acuerdo económico empieza a regir desde la fecha de su registro.

El efecto de las capitulaciones puede manifestarse después de la disolución del matrimonio por divorcio o la ruptura del concubinato. Aquí surge la pregunta: ¿por qué este sistema sigue vigente incluso después de terminada la relación?: precisamente porque no es un simple listado de bienes o títulos de propiedad, sino un contrato flexible y moldeable, tan es así, que en su esencia previsiva e integradora puede tomar parecido a la asociación en participación[3]. Esa proyección permite establecer cláusulas extramatrimoniales o para regir acabado el concubinato, como la participación en los beneficios de una compañía o las rentas de determinados bienes por un número determinado de años, incluso después de finalizada la relación. Estas cláusulas pueden compensar, por ejemplo, la pérdida de competitividad en el mercado laboral de alguno de los cónyuges o concubinos. Estas son algunas de las "extravagancias" que permiten las capitulaciones, sin llegar a sobrepasar los límites del sagrado orden público.

---

3 Art. 359 Código de Comercio venezolano: "La asociación en participación es aquella en que un comerciante o una compañía mercantil, da a una o más personas participación en las utilidades o pérdidas de una o más operaciones o de todas las de su comercio. Puede también tener lugar en operaciones comerciales hechas por no comerciantes".

Juntos, pero con capitulaciones

"El ignorante afirma, el sabio duda y reflexiona."

—Aristóteles

Aún en nuestros días, persiste una obstinada resistencia frente a las capitulaciones, un enigma que se vuelve cada vez más difícil de abordar. Resulta más sencillo hablar de la aceptación del aborto en la familia o de problemas como la drogadicción o el alcoholismo que de esta figura tan cargada de tabúes. Muchos seguimos preguntándonos: ¿cuál es realmente el problema con las capitulaciones? ¿Será acaso el temor de quien las mira con recelo por la incertidumbre de quedarse sin la mitad de algo, aquello que promete el sistema tradicional de compartir los bienes, conocido como comunidad conyugal o de gananciales? Hagamos un análisis más profundo.

Quienes temen las capitulaciones suelen pensar en un eventual divorcio o en la muerte de su cónyuge o concubino, enfocándose en el final de la relación, como es natural, apostando a una supuesta seguridad patrimonial en caso de ruptura. Estas personas buscan minimizar los riesgos a los que estamos todos expuestos; y por esa misma razón, muchos ven en las capitulaciones una alternativa de prevención para proteger su patrimonio, presente y futuro, ante la posibilidad de un nuevo comienzo, pero de una forma ordenada que no acepta el fraude entre parejas.

Ahora, reflexionemos sinceramente: ¿cuántas veces hemos visto a una pareja en comunidad de gananciales compartir dividendos de manera sistemática por un negocio fundado en el matrimonio o el concubinato?, ¡casi nunca!, generalmente el dinero termina en el bolsillo de quien administra el negocio, pues tiene, por ley, el derecho de hacerlo. Esta persona, en la mayoría de los casos, ostenta el poder económico y, por ende, ejerce control sobre la otra, con algunas excepciones. Dejar un asunto tan delicado en las manos de nuestro cónyuge o concubino sin un acuerdo patrimonial claro es un riesgo, ¿no es así?

Veámoslo desde otra perspectiva para desmontar el mito que rodea a la comunidad de gananciales. Sabemos que tanto el hombre como la mujer tienen por ley el derecho de administrar el dinero que generan a través de su profesión o negocio. En el sistema de comunidad de gananciales, estos ingresos siguen formando parte del patrimonio común. Sin embargo, cualquiera de los dos puede adquirir, sin autorización del otro, bienes muebles o inmuebles, y administrarlos, por ejemplo, a través de alquileres. En la mayoría de los casos, el dinero generado por estos bienes es manejado exclusivamente por quien dirige el negocio, y rara vez termina en una cuenta compartida. En cambio, bajo el régimen de capitulaciones, el beneficio permanece en su lugar adecuado, bajo el dominio exclusivo de su propietario, y sin necesidad de estar escondiendo las cosas.

A diferencia de esa supuesta "unión patrimonial-sacramental-disipada", que no es más que una ilusión manipulada, el sistema de capitulaciones genera menos conflictos. Pretender controlar los bienes en una comunidad de gananciales suele generar más riñas que si se opta por un régimen de separación total o mixto en capitulaciones. En el primer caso, las discusiones son recurrentes, con ambos cónyuges vigilando las cuentas, opinando y criticando cada movimiento. En el segundo caso, todo se soluciona de una sola vez, en una conversación clara y definitiva.

La inseguridad siempre juega su papel, porque somos humanos, y aunque lo neguemos mil veces, cuando en el matrimonio o el concubinato uno de los miembros prospera económicamente más que el otro, puede surgir un egoísmo disimulado. Se empieza a percibir el desbalance en la relación, y con ello aparece el egocentrismo y el deseo de quedarse con la mayor parte de la "tajada". Por supuesto, esto depende de muchas circunstancias, y hay numerosas excepciones; sin embargo, es peligroso ver la vida patrimonial como una especie de lotería. Si las cosas están claras desde el principio y en el lugar adecuado a lo largo de la relación, no habrá espacio para tanto desasosiego, especialmente en momentos de crisis en la relación. En esas situaciones, la mente se llena de suposiciones dramáticas que alimentan la imaginación: "¿y ahora qué hago?", piensa quien no maneja las cuentas; "seguramente está ocultando algo" o "seguramente las cosas están bajo estructuras mercantiles o cuentas fantasmas". Es en este punto que los tranquilizantes como el tafil y el diazepam se convierten en los aliados. Más o menos así funciona la mente cuando se cae en la idea engañosa de que el amor cambia las reglas del juego.

En la mayoría de las uniones matrimoniales o concubinarias, quien produce la mayor parte del dinero suele llevar la batuta. No se discuten las cosas en igualdad de condiciones, aunque supuestamente los bienes conforman la comunidad de gananciales. En realidad, se comporta como si el régimen fuera de capitulaciones. En nuestra experiencia, esta dinámica tiene varios momentos:

1. **El prenupcial**: Cuando ambos se escuchan y se preguntan cuál será el destino de lo que está comenzando. Al final de cuentas, ni siquiera nos conocemos bien a nosotros mismos, mucho menos a la otra persona, y menos aún sus reacciones en episodios como los celos enfermizos.

2. **La adaptación**: Cuando ya han recorrido un trecho en la relación y se enfrentan a los desafíos económicos. Aquí, la personalidad y el dinero buscan puntos de encuentro que pueden estar cercanos, distantes o inalcanzables. La tarea es esperar a que la situación se encamine.
3. **La confusión y el tormento**: Durante las dificultades entre esposos o concubinos, cuando la separación es más latente debido a las crisis intermitentes. En estos momentos, el factor económico juega un papel preponderante, y la seguridad financiera puede ser la clave para enfrentar la ruptura de la relación. Para algunos, la estabilidad económica es un calmante, para otros, una herramienta de retaliación ¡En cualquier caso, es horrible imaginar la desolación! Lo cierto es, que en estos escenarios la carga sería mucho menor si hubiera un pacto patrimonial que ofreciera seguridad.

"La preocupación nos debería llevar a la acción y no a la depresión."
—Karen Horney

En este trayecto emocional surgen todo tipo de pensamientos, especialmente los catastróficos: temores, rabia y decepciones. Nos planteamos el peor escenario, y en medio de esa nube gris, aparecen las interrogantes clásicas: "¿qué voy a hacer ahora?". La mujer, si tiene hijos, inmediatamente piensa y afirma: "¡que él se vaya, que aquí están los chamos!". El hombre, por su parte, piensa: "¡si me voy, me friego, se quedará con todo!". La mortificación crece, especialmente cuando alguno se siente "malherido". Aunque las cosas pueden cambiar de "claro a oscuro" para el hombre, apareciendo en escena eso que coloquialmente se conoce como "el maleteo": llegas a casa y te encuentras con que han cambiado la cerradura de lo que supuestamente también es tuyo.

Al hombre le queda iniciar un trámite de divorcio, ya sea contencioso o por desafecto, que no requiere de un pleito. Pero mientras tanto, ella se queda en casa, y si hay hijos menores, con mayor arraigo. El hombre, por otro lado, está en riesgo de quedarse sin hogar, y no puede forzar la situación, porque tiene sobre él la espada de Damocles que constituye la violencia de género. En el mejor de los casos, se le impondrá una medida de restricción; en el peor, podría terminar en la cárcel debido a denuncias que, con o sin fundamento, pueden llevar a este tipo de medidas. Así que, por el momento, olvídate del inmueble y deja algo de ropa para el amigo (!).

Toda esta pesadilla podría verse reducida considerablemente con la presencia de capitulaciones, que ofrecen la esperanza de que, en cualquier momento, podrás recuperar lo que es exclusivamente tuyo, porque el patrimonio estaba perfectamente delimitado. En este caso, las capitulaciones se convierten en una garantía de que las cosas volverán a su cauce con cierta prontitud, gracias a esa delimitación patrimonial.

No finjamos indiferencia sobre este tema: cuando estamos preparando el matrimonio o formalizando el concubinato, o incluso ya en el trayecto, en algún momento surge el pensamiento de un eventual divorcio o separación, o, siendo fatalistas, de la muerte del cónyuge o pareja. Nos preguntamos en qué estado quedarán las cosas, y si no lo pensamos, seguro habrá alguien —un pseudoabogado en forma de padre, madre, hermano, amigo o amiga— que nos recuerde la cruda realidad. Entonces, no dejemos para mañana lo que podemos hacer hoy: **"Juntos, pero con Capitulaciones".**

"No intenten romperla, insensatos, no es de cristal. Ella es de diamante."
—David Sant.

Este tema de las capitulaciones, de una u otra forma se conecta con otro muy propio de nuestra idiosincrasia: el "machismo". Este coloquial término, que aún sobrevive en nuestros días, se manifiesta en esquemas matrimoniales o concubinarios preconcebidos que imponen dependencia. Sí, todavía existe, y deja profundas huellas en el aspecto patrimonial de nuestras vidas. Esto nos lleva a preguntarnos:

- ¿De quién es la plena responsabilidad de los hijos, y por qué?
- ¿De quién depende la cuestión económica, y por qué?
- ¿Quién puede desarrollarse mejor profesional y laboralmente, y por qué?
- ¿Qué estamos haciendo para que esto cambie?

Tradicionalmente, la mujer se quedaba en casa porque su trabajo era "el hogar", dedicándose casi exclusivamente al cuidado y educación de los hijos. Este era su aporte a la comunidad de gananciales, además de atender al hombre, quien era visto como el "proveedor". Así fluían las cosas, era una c1uestión social. A esto se sumaba la figura del "segundo frente", una especie de institución no oficial. Muchos divorcios ocurrían cuando los hijos alcanzaban la mayoría de edad, y para entonces, la capacidad intelectual y profesional de la mujer, su competitividad, era casi nula, salvo en casos excepcionales, como cuando había caudales hereditarios.

En esos tiempos, los arreglos de disolución matrimonial solían limitarse a adjudicarle a la mujer la casa familiar y, con suerte, un vehículo. Si había dinero ahorrado, se le daba una porción para su sustento, e incluso, en algunos casos, se le otorgaba manutención perpetua. El machismo era impuesto por el hombre y aceptado por la sociedad.

Hoy en día, la situación es completamente distinta. La mujer estudia a la par del hombre, y en el ámbito laboral ha avanzado hasta equipararse, e incluso superarlo en algunas áreas. En lo político, aunque su presencia es menor, cada vez es más visible. En resumen, salvo en la política, ya no hay preferencia de género en otras actividades. Sin embargo, aún queda un reducto considerable que mantiene esas ideas primitivas, y lo curioso es que hay mujeres que también las apoyan.

Más allá de la tradicional propuesta de que el hombre sea el proveedor y la mujer la cuidadora, hay casos en los que el "encierro" se da de manera sutil, promovido incluso por las propias mujeres. Este enfoque puede desencadenar fuertes disputas en los divorcios o rupturas de concubinato, sobre todo cuando se habla de "la culpa". Vale la pena preguntarse quién tiene la culpa cuando una mujer, por decisión propia o por presión social, se encuentra fuera del mercado laboral y en una posición de desventaja económica frente al hombre.

El desbalance patrimonial al momento de una liquidación es evidente, pero ¿de quién es el error? La ley establece que el padre y la madre tienen iguales deberes y responsabilidades, tanto en la crianza como en el apoyo material, moral y afectivo de los hijos[4]. Aun así, muchas mujeres, a veces por decisión propia, asumen la mayor parte de la responsabilidad familiar, cuando bien podrían compartir las tareas cotidianas con el padre o incluso delegarlas en terceros.

¿Por qué tendría que ser una responsabilidad exclusivamente de la mujer? Este desequilibrio de responsabilidades afecta su desarrollo personal y profesional, mientras el hombre sigue avanzando en su carrera. ¿No es este un riesgo demasiado alto de cara a una posible ruptura? ¿Dónde quedó "la primavera" de la mujer? Se la llevó el "machismo", el mismo que a veces es promovido por las propias mujeres.

El "después", como dice la canción, "no se sabe si volverá a comenzar". Ese después puede cobrarnos la vida. No dejemos, ¡ni de broma!, que la inercia construya la historia.

---

4 Sub. t., 2do párrafo art.5 Ley Orgánica de Protección del Niña, Niño y Adolescente:

Obligaciones generales de la familia e igualdad de género en la crianza de los niños, niñas y adolescentes: (...) El padre y la madre tienen deberes, responsabilidades y derechos compartidos, iguales e irrenunciables de criar, formar, educar, custodiar, vigilar, mantener y, asistir material, moral y afectivamente a sus hijos e hijas. (...).

"Si has nacido sin alas, no hagas nada por impedir que te crezcan."
—Coco Chanel

Aunque suene duro, la comunidad conyugal o de gananciales esconde un pensamiento obsoleto, uno que sigue negándole a la mujer su capacidad de negociación. Esa mirada penosa que la sigue ubicando en la categoría de "débil jurídico". Frente a esto, las capitulaciones emergen como un mecanismo moderador, capaces de generar cambios progresistas en materia de género para que la indolencia no se convierta en la norma.

A menudo, la negativa o el rechazo desmedido de la mujer a celebrar capitulaciones refleja una apatía hacia el trabajo y la aceptación de un riesgo que podría tener graves implicaciones. Se deposita la suerte en el otro miembro de la relación, confiando en que no habrá tropiezos financieros, cuando lo más sensato sería planificar responsablemente.

Persiste el ideal romántico de que, en el matrimonio o concubinato, la suerte de uno es la misma para ambos, cuando es posible el fraude entre la pareja. Como si el divorcio o la ruptura fueran escenarios improbables. Pero lo cierto es que, en la vida real, estos eventos son bastante comunes; como también son frecuentes las disputas por bienes y propiedades tras la extinción de la relación.

En el caso venezolano, encontramos vestigios de ese pensamiento: mujeres que alegan no tener el tiempo suficiente que tienen los hombres para generar ingresos equivalentes o superiores, debido a la carga casi exclusiva del cuidado de los hijos. Esta postura, que en ocasiones rechaza el régimen capitular, les resta competitividad a las mujeres, aunque, afortunadamente, es una posición cada vez menos generalizada.

El feminismo (y no el feminazismo) enfrenta estas conjeturas, ofreciendo una proyección de vida individual que no es individualista, sino que puede convertirse en un factor de garantía y estabilidad frente a cualquier evento inesperado en la familia: la desincorporación laboral del hombre, alguna inhabilitación o enfermedad, o, en el peor de los casos, la muerte. Ese feminismo crítico se pregunta dónde queda la preparación académica, el entrenamiento laboral y las ganas de crecer y ganar. Las legislaciones en todo el mundo fomentan esta paridad de género, de ahí los permisos pre- y postnatales, los tiempos de amamantamiento, y la obligatoriedad de grandes empresas de contar con guarderías. Estas herramientas allanan el camino para que los sueños de crecimiento personal de las mujeres no se vean truncados.

Son las mujeres que trabajan por su cuenta, que aprovechan su creatividad y capacidad para crecer y mantener relaciones que dan para más, las que muestran cómo es posible planificar la vida familiar. Después de todo, la planificación de la procreación depende principalmente de ellas. Si no reconocemos esto, tendríamos que concluir que las mujeres con tres o más hijos están condenadas al fracaso profesional y a depender del hombre, ¡Ni de cerca! Esta sería una forma de autodestrucción, tan egoísta como el hombre que insiste en que su esposa o concubina se quede en casa "por el calor de hogar". Peor aún, algunas mujeres incautas aceptan esta situación, asumiendo un riesgo mayor, cuando en realidad deberían seguir impulsando triunfos compartidos, incluso promoviendo nuevas reformas que faciliten la inclusión femenina sin que nadie sea sacrificado en la crianza de los hijos. Todos merecen atención y oportunidades: ellos, ella y él, juntos en el viaje de la vida.

Existen situaciones familiares que abruman, concepciones inesperadas o sobrecargadas, y ¿quién piensa en la mujer? Y no solo hablamos de los hijos. No olvidemos que hay personas inestables, ¿o es qué acaso un hombre con cuatro hijos no puede enamorarse? Aquí es donde las capitulaciones cobran relevancia, ya que pueden solventar estos vacíos de mujeres rezagadas profesionalmente debido a la carga familiar ¡Si todo en la vida tiene un precio, que no sea demasiado alto para ellas!, o al menos, que sea equilibrado con los capítulos de un acuerdo patrimonial.

Todo se reduce a un pacto. Hay muchos ejemplos de cómo hacerlo, pero lo importante es nivelar los riesgos en ese proyecto de vida. La garantía patrimonial no debe basarse en la compasión o en la "decencia", ¡de ninguna manera! Esos sentimientos cuentan, sí, pero lo más importante es un aseguramiento efectivo, uno que le permita a la mujer enfrentar el encierro obligado, protegida incluso de cualquier sobresalto sentimental por parte de su pareja que pueda desplazarla. De eso se trata: de un pacto. Y las capitulaciones lo permiten, ya que nacen de la libre voluntad para contratar. Entonces, ¡pactemos!

La mujer puede participar, no en la entelequia de un fondo común, sino realmente en el rendimiento de un negocio, en las rentas de bienes propios, en un fondo de inversión o en contingencias como el paro forzoso o la cesantía; y, en el peor de los casos, podría conservar la titularidad de la casa, y quedar excluida de las deudas en el caso de bancarrota. Todo esto puede quedar establecido en las capitulaciones, y si no, estas pueden abrir el camino en el curso de la relación para celebrar contratos de este tipo que las protejan mientras superan el trance biológico.

Entonces, ¿qué tiene de malo un pacto patrimonial? ¿Acaso no es enormemente satisfactorio y tranquilizador compartir lo que se tiene individualizado, lo que realmente es propio? ¿No es un reto mayor, en nombre del "amor", desprenderse de lo que documentalmente te pertenece frente a la ilusoria idea de lo "nuestro"? Descubramos dónde se esconde realmente ese artificio y, con calma, preguntemos: ¿qué podría ser más alentador después de esto? ¡No más riesgos!, hablemos de verdadera inclusión.

"La indecisión es el mayor ladrón de oportunidades."

—Jim Rohn.

Cuando hablamos de capitulaciones solo pensamos en el formato de separación absoluta de bienes, por no saber acerca de las diversas formas que estas pueden adoptar. Igual sucede que confundimos el alcance del sistema de gananciales. Por eso conviene aclarar la extensión de ambas cosas.

En el momento en que formalizamos nuestra relación, ya sea en matrimonio o concubinato, es esencial tener claro el régimen económico que queremos adoptar. También debemos tener en cuenta que, si no tomamos una decisión explícita, estaremos eligiendo automáticamente el régimen llamado comunidad conyugal o de gananciales.

"Esta comunidad de bienes gananciales comienza el día de la celebración del matrimonio o del concubinato; cualquier estipulación contraria será nula"[56]. Este punto marca un antes y un después. Se recalca porque es común la creencia de que los bienes adquiridos antes del matrimonio o del concubinato pasan a formar parte de la comunidad de gananciales de alguna forma, lo cual no se corresponde con la realidad.

Como puede verse, la ley establece el régimen de gananciales por defecto, así que no dejemos pasar la oportunidad de elegir lo que realmente nos conviene. En términos simples, en este régimen serán comunes de por mitad las ganancias o beneficios que se obtengan durante el matrimonio o el concubinato. Dicho de otro modo, es la creación forzada de un fondo común indivisible, compuesto por las contribuciones de ambos miembros de la pareja; y donde cualquier bien que

5 Arts. 148 y 149 del Código Civil venezolano: "Entre marido y mujer, si no hubiere convención en contrario, son comunes, de por mitad, las ganancias o beneficios que se obtengan durante el matrimonio".
"Esta comunidad de los bienes gananciales comienza precisamente el día de la celebración del matrimonio; cualquier estipulación contraria será nula".

adquieran durante el matrimonio o el concubinato será de ambos, sin importar a nombre de quién esté registrado o cuánto haya aportado cada uno.

Los aportes incluyen los ingresos que cada uno perciba como fruto de su trabajo o negocios, así como las rentas generadas por bienes propios como, por ejemplo, el alquiler de un local comercial adquirido antes del matrimonio.

Asimismo, se consideran parte de este fondo común la revalorización de los bienes propios o privativos: aquellos adquiridos antes del matrimonio o del concubinato, producto de las mejoras que en ellos se hayan realizado, siempre que estas se hayan hecho con dinero del fondo común. Estas mejoras pueden ser reconstrucciones, remodelaciones o restauraciones, tanto de interiores como de exteriores.

Se suele decir que ciertos bienes propios o privativos no se mezclan con el fondo común creado en la comunidad de gananciales. Estos incluyen herencias, donaciones o bienes adquiridos en soltería. Esto es cierto, a menos que se hayan mejorado con dinero de la comunidad, lo que provoca lo que se conoce como confusión patrimonial, algo que genera muchos problemas cuando se invierte sin control en el capital privado del otro. Este tipo de confusión no ocurre bajo el régimen de capitulaciones.

Tampoco puede incluirse en la comunidad de gananciales el incremento del valor (plusvalía) de bienes propios, como inmuebles, ya que este aumento se debe a factores externos, como la inflación, la oferta y la demanda inmobiliaria, o la situación económica del país. Este incremento de valor ocurre de forma automática, sin que se haya realizado ninguna inversión, por lo que no puede considerarse una renta, a diferencia de los alquileres y otros tipos de ingresos o frutos civiles[6].

¿Qué ocurre al momento de una separación en comunidad de gananciales?: lo primero que debe hacerse es deducir el pasivo de la comunidad para obtener el líquido partible, y luego dividir el activo en partes iguales. En cuanto a las deudas, también es determinante el momento en el cual se contrajeron, ya sea dentro o fuera del matrimonio o del concubinato. Si la deuda se contrajo durante la unión, responde la comunidad de gananciales, independientemente de quién la haya adquirido. Si la deuda es anterior, es responsabilidad individual de cada cónyuge o concubino, al igual que ocurre con el activo.

6 Los frutos civiles están constituidos por aquellas sumas de dinero que recibe el propietario por ceder a otro el uso o goce de la cosa. Ej.: el fruto civil que percibe el propietario del manzanar es la renta que le es pagada al darlo en arrendamiento". Tratándose de dinero, los frutos que percibe su propietario son los intereses. (Wikipedia y el autor).

"Haga lo que hizo David, vuélvase sordo a las viejas voces y abra los ojos a las nuevas opciones."

—Max Lucado

Tanto los novios como las parejas ya casadas o en concubinato pueden optar por diferentes modalidades que definan el dominio de los bienes y sus accesorios, siempre que dichas decisiones no sean contrarias al principio de igualdad de derechos entre ambos cónyuges o concubinos. Si elegimos las capitulaciones, podemos adaptarlas a nuestras necesidades, dentro de ciertos límites que analizaremos más adelante. Para una mejor comprensión, pensemos que "capitular" sería el "género", y las diferentes formas o modalidades que pueden adoptar las capitulaciones serían las "especies".

Existen diversos convenios prenupciales o patrimoniales que pueden celebrarse, incluso sin llamarlos formalmente "capitulaciones". Estas son, en esencia, un conjunto de cláusulas o capítulos que contienen normas acordadas por las partes, y que servirán como reglamento patrimonial durante el matrimonio o el concubinato. Por ejemplo, si ambas partes deciden que habrá separación absoluta de bienes, cada uno conservará como propio todo lo que adquiera durante el matrimonio o la unión concubinaria. No debe quedar ninguna duda al respecto: todo, absolutamente todo lo que uno de los cónyuges o concubinos adquiera a título oneroso, ya sea a través de su profesión o negocio, incluidas las rentas que generen bienes adquiridos en soltería y el incremento de valor de estos bienes por mejoras hechas durante la relación, formará parte de su caudal individual. Esto será así independientemente de que la otra parte haya contribuido de buena fe al aumento de su valor. Por lo tanto, existiendo capitulaciones ten mucho cuidado al colaborar en la mejora de lo que es exclusivamente propiedad de tu cónyuge o concubino, a menos que seas consciente de que se trata de una colaboración o regalo, y que quedará en manos del otro honrar ese compromiso moral.

Es importante advertir que, aunque los patrimonios estén claramente separados, no puedes demandar a tu cónyuge o concubino por alguna deuda, ya que ambos tienen la obligación de vivir juntos, guardarse fidelidad y socorrerse mutuamente. Demandar por una deuda atentaría contra la unidad familiar.

Otra opción sería el contrato de capitulaciones con participación, también conocido como sistema mixto. En este caso, los otorgantes pueden someter su economía familiar a un régimen mixto que combine elementos de la sociedad de gananciales y de la separación de bienes. Esto no significa que ambos sistemas vayan a coexistir, ya que, al elegir capitulaciones, por descarte, los gananciales dejan de existir. Lo que sucede es que se toman ciertos aspectos del régimen de gananciales para diseñar el contrato patrimonial, que lo hace más flexible.

Es importante aclarar que las capitulaciones pueden referirse únicamente a la titularidad de los bienes futuros, centrarse en las rentas de los bienes, las inversiones o el producto de la profesión o el comercio. Al final, no son más que un sistema especial que difiere del régimen supletorio previsto legalmente, es decir, la comunidad de gananciales. Esto descarta la posibilidad de que exista un modelo único.

"Dando y dando, pajarito volando."

—Refrán popular

No cabe duda de que la vida en pareja, en cualquiera de sus formas, representa un reto que conlleva asumir un sinfín de riesgos. La idea principal es evitar que uno de los dos asuma un riesgo mayor que el otro, creando un desequilibrio que deba corregirse. Precisamente para cubrir esta exposición es que existen las capitulaciones, de forma similar a un contrato con una aseguradora, donde se busca minimizar los riesgos, tanto de salud como patrimoniales. Entonces, ¿qué tiene de malo que el acuerdo en una relación, que va a repercutir en la familia, también nivele los riesgos a través de mecanismos que prevean compensaciones?

A pesar de las críticas, consideramos válidos los planteamientos que buscan una proporcionalidad o equivalencia de riesgos. Estas estipulaciones pueden asemejarse a las cláusulas compensatorias de cualquier contrato patrimonial, donde se prevén escenarios de pensiones, rentas o derechos de usufructo inmobiliario en caso de una ruptura matrimonial o concubinaria, sin importar quién sea el promotor. Es importante entender que esto no implica condicionar el divorcio ni establecer consecuencias por promoverlo, lo cual no sería válido. Hablamos de cláusulas que prevén correcciones patrimoniales previamente acordadas, ya sea antes del matrimonio o durante este, o bien durante la relación concubinaria, para prevenir un desequilibrio en caso de ruptura.

Por ejemplo, una mujer podría consentir en dejar su trabajo durante varios años con la obligación de que su esposo o pareja la compense por ese periodo, asegurando un equilibrio patrimonial tras la pérdida de competitividad en el mercado laboral. Esto podría ser una medida válida en caso de que la relación llegue a su fin. ¿Qué tiene de raro esto, si algo similar ya está previsto en nuestro Código Civil?: en caso de divorcio, el cónyuge inocente, si no puede mantenerse por una condición física o mental, tiene derecho a una pensión vitalicia, o hasta que contraiga un nuevo matrimonio[7]. Entonces, ¿por qué no podría pactarse en las capitulaciones que uno de los cónyuges o concubinos reciba, por ejemplo, los dividendos de acciones en una sociedad mercantil o usufructúe un inmueble durante un número de años tras el divorcio o ruptura? Si las donaciones entre cónyuges son válidas, ¿por qué habría problema en este tipo de cláusulas? Sin estas opciones, las capitulaciones perderían gran parte de su sentido.

La misma idea es válida, específicamente para el usufructo sobre el bien inmueble que sirve como hogar familiar. En caso de divorcio o ruptura del concubinato con hijos menores, el acuerdo patrimonial podría estipular que el marido o concubino conserve la titularidad del inmueble, pero ceda la posesión a través del usufructo a la esposa o concubina hasta que los hijos alcancen la mayoría de edad.

¿Cómo se podría refutar una estipulación como esta, que además de ofrecer una compensación a la esposa o concubina que dedicó su tiempo al cuidado de los hijos, también genera protección para los menores? Esta fórmula no solo facilita la reintegración de la mujer divorciada o separada en su vida cotidiana, sino que también le ofrece un respiro mientras reorganiza su vida. En este caso, se trata de proporcionar a la mujer el usufructo de ese inmueble, permitiéndole sacar provecho de él de la manera que considere conveniente, sin que ello tenga que ver con la manutención de los hijos.

En los ejemplos anteriores, estaríamos ante cláusulas lícitamente condicionadas, ya que la existencia o nacimiento de la obligación depende de un acontecimiento futuro e incierto. En este caso, se trata del hecho del divorcio o la ruptura del concubinato, lo que significa que dichas cláusulas están suspendidas en el tiempo hasta que se cumpla la condición, si es que llega a darse. Es decir, estas cláusulas solo se activan cuando ocurre la circunstancia prevista.

No debería haber temor en incluir estas cláusulas. En el peor de los casos, si la compensación patrimonial resulta exagerada, la estipulación podría ser aisladamente negada por ser desproporcionada, pero el resto de las disposiciones del pacto patrimonial permanecerían intactas.

---

7 Art. 195 Código Civil Venezolano: "Cuando el divorcio haya sido declarado de conformidad con las causales previstas en los ordinales 1°, 2°, 3°, 4°, 5° y 6° del artículo 185, el Tribunal que conozca del mismo podrá, al declararlo, conceder pensión alimentaria al cónyuge que no haya dado causa al juicio, cuando éste, por incapacidad física u otro impedimento similar, se encuentra imposibilitado para trabajar y carece de otros medios para sufragar sus necesidades.
Esta obligación subsiste mientras dure la incapacidad o el impedimento y cesa con la muerte del obligado, del beneficiario, o si éste último contrae nuevo matrimonio".

Concluimos que técnicamente las cláusulas compensatorias, como las que hemos planteado, son posibles. Además, guardan cierta semejanza con el contrato de renta vitalicia, que puede ser acordado como parte de una planificación familiar y tendría efecto inmediato, ya sea desde la celebración del matrimonio o desde el inicio del concubinato. Este contrato de renta vitalicia cumpliría el mismo propósito, ya que el beneficio sería de por vida. Este contrato podría ser celebrado por el pretendiente virtualmente obligado, o por el esposo o concubino si la relación ya está en curso, con un tercero. En este caso, el beneficiario sería el otro cónyuge o concubino.

Así, la renta empezaría a pagarse desde el momento en que se celebre dicho contrato y continuaría hasta la muerte del beneficiario. Aunque no se trate explícitamente de una previsión de ruptura, subyace la misma intención asistencial, que iría más allá del lazo matrimonial o concubinario. Grosso modo, este contrato de renta vitalicia[8] implica que una persona (cónyuge, concubino o pretendiente) transfiere ciertos bienes a un tercero (persona natural o jurídica, como una compañía de seguros o entidad financiera) para que los administre a su discreción. A cambio, el tercero se comprometería a pagar una renta periódica de por vida al beneficiario[9], que, en este caso, sería el otro cónyuge o concubino.

---

8 "El contrato oneroso de renta vitalicia constituye la convención mediante la cual una persona (deudor) se obliga a pagar al constituyente o a un tercero (el acreedor) una pensión durante la vida de éste o de una persona determinada, a cambio de un capital en bienes muebles o inmuebles, cuyo dominio se transfiere (...)". (Domínguez Guillén, María Candelaria. En torno a la renta vitalicia. Rev. Boliv. de Derecho n.º 30, Caracas-Venezuela, 2020, págs. 243, 245 y 246.

9 "Agrega el art. 1793 CC: 'Puede constituirse en provecho de un tercero, distinto de quien da el precio. En este caso, aunque la renta vitalicia constituya una liberalidad, no queda sujeta a las formas establecidas para las donaciones; pero es reducible o anulable con arreglo al artículo 1790'. Este último supuesto constituye una tercera forma de constituir la renta vitalicia distinta a la donación, no obstante tratarse de una liberalidad. Recordemos que la renta vitalicia puede constituirse mediante contrato a favor de tercero en el que se incluye al "concebido". De allí que no pueda afirmarse siempre que el constituyente es acreedor de la renta como consecuencia del contrato". Ibídem pág. 247.

Cuando el beneficiario y el que constituye la renta vitalicia son cónyuges o concubinos no aplican las normas ordinarias de la donación entre ellos, pues la relación queda vigente entre el beneficiario y el acreedor o persona que debe satisfacer la pensión o renta vitalicia. Por esa razón no puede revocarse como ocurre con las donaciones entre cónyuges. Lo que sí puede suceder es que esa liberalidad al fin de cuenta pueda serle reducida al beneficiario (cónyuge o concubino) en materia sucesoral por cuanto este pudiera estar recibiendo un caudal hereditario que exceda la legítima. (El autor).

En ambos casos (cláusula compensatoria y renta vitalicia), se estaría haciendo una previsión de asistencia que goza de legalidad, ya que no hablamos de lucro, sino de compensación, socorro o auxilio, lo cual marca una gran diferencia. Este contrato de renta vitalicia se puede celebrar con un tercero bajo la condición de matrimonio, o sin esta, si el matrimonio o concubinato ya está en curso. En cualquier caso, la causa subyacente es la misma que en las compensaciones previamente comentadas.

Todo esto es posible siempre que se mantenga la ponderación y el equilibrio en las estipulaciones. De lo contrario, una desproporción o inequivalencia podría generar un desequilibrio patrimonial, lo que podría invalidar la cláusula por aventajar injustamente a uno de los cónyuges o concubinos.

"Después de la tempestad, viene la calma."

—Refrán popular

Las capitulaciones ofrecen múltiples ventajas: permiten salvaguardar el porvenir individual y facilitan la recuperación de la independencia y autonomía, sobre todo para la mujer, que casi siempre conserva la tenencia de los hijos. Crean la posibilidad de que, en medio de las dificultades, exista un refugio patrimonial para la mujer en riesgo, especialmente cuando su dedicación al trabajo familiar (labores del hogar, cuidado y transporte de los niños, tareas escolares, eventos familiares, entre otras responsabilidades) la desactualiza del mercado laboral y profesional. Este ajetreo diario, que muchos subestiman y mal remuneran —o peor aún, no quieren pagar—, tiene un costo.

Entonces, ¿cómo pueden las capitulaciones ofrecer ese refugio durante la tempestad? La respuesta está en la facilidad y efectividad para realizar traspasos temporales o definitivos de bienes. En el régimen de comunidad de gananciales, todo supuestamente pertenece a ambos; por ejemplo, si se transfiere dinero, seguirá siendo de los dos. No tendría ninguna gracia para ella, pues no podría invertirlo en algo realmente propio. Sin embargo, con la autonomía que proporcionan las capitulaciones, la mujer podría convertirse en custodio efectivo de los ahorros familiares, ser la titular de la casa de habitación o de algún otro inmueble que escape al control exclusivo del hombre.

"La responsabilidad es el precio de la libertad."

—Elbert Hubbard

Hemos dicho que las capitulaciones son un contrato donde las partes gozan de una amplia libertad de reglamentación, no obstante, en nuestro país se manejan como un sistema contractual de libertad controlada, lo que significa que los futuros contrayentes, cónyuges o concubinos tienen una amplia libertad para regular, con ciertas limitaciones, las estipulaciones que guiarán el proyecto económico de su relación. Estas limitaciones se refieren a los pactos que puedan contravenir las leyes o las buenas costumbres, por ejemplo, cuando existe una notable desproporción en los beneficios concedidos, o cuando solo uno de los cónyuges o concubinos se reserva como propios ciertos ingresos sin que haya equivalencia. También se prohíben las capitulaciones que vayan en detrimento de los derechos y obligaciones que ambos tienen dentro de la familia.

Este último punto tiene que ver con la intención de suprimir la obligación de contribuir a los gastos del hogar y de los hijos. Por mucho que algunos lo deseen, no es válido establecer acuerdos capitulares que deroguen disposiciones prohibidas en nuestra legislación sobre divorcio, separación de cuerpos, emancipación, tutela y sucesión hereditaria. ¡No os apresuréis! A lo largo de este texto, iremos explicando de manera sencilla lo que corresponde a cada uno de estos aspectos.

Podemos adelantar que, en lo relativo al divorcio y la separación de cuerpos, estas son instituciones jurídicas regidas por el derecho común[10], y en las que el orden público y las buenas costumbres juegan un papel fundamental. Por lo tanto, sería un contrasentido incluir en algún acuerdo patrimonial estipulaciones que contradigan esos principios fundamentales. Es importante tener esto en cuenta, ya que algunas personas intentan incluir cláusulas que establecen un costo por la infidelidad o que prohíben el divorcio durante un número determinado de años. Ninguna de estas cláusulas es válida en nuestro país.

Aunque las capitulaciones son flexibles, tienen sus restricciones: no se puede, por ejemplo, excluir la condición de heredero del otro cónyuge o concubino. Así, las partes pueden construir un patrimonio común que no incluya los bienes inmuebles, pero sí los bienes muebles, incluidas las rentas. También puede suceder lo contrario: optar por incluir determinados inmuebles en el patrimonio familiar y excluir los activos laborales. Esto, sin embargo, no afecta la vocación hereditaria,

---

10 Derecho común, en su sentido moderno, se entiende con referencia al derecho civil que rige en todo el territorio nacional, bien de un modo inmediato, bien con carácter supletorio. (El autor).

que en todo caso permanecerá resguardada, independientemente del contenido de las capitulaciones.

Es fundamental subrayar que tanto el matrimonio como el concubinato traen consigo la vocación hereditaria, sin importar el sistema patrimonial que se elija. Este tema será abordado con mayor detalle más adelante.

"No quiero na' regalao."

—Gilberto Santa Rosa.

Dentro de las prohibiciones que rigen las relaciones patrimoniales entre cónyuges y concubinos, destaca la imposibilidad de realizar ventas entre ellos. Queremos detenernos en este punto, ya que creemos que dicha prohibición depende del régimen patrimonial que rija el matrimonio o concubinato, es decir, si impera la comunidad de gananciales o, en su lugar, un régimen de capitulaciones. No porque este sea un aspecto para incluir en las capitulaciones, sino más bien por ser uno de sus efectos o posibilidades.

Como ya se ha mencionado, si no existe un convenio patrimonial, la relación se rige automáticamente por la comunidad de gananciales, donde el patrimonio es una masa indivisible o proindivisa, siendo ambos dueños de todo. En este caso, sería imposible realizar una venta sobre algo que ya pertenece a ambos. En este sentido, hay que resaltar que esa prohibición está relacionada con la venta de bienes propios.

Entonces, ¿por qué está prohibida la venta entre cónyuges o concubinos? En primer lugar, esto está relacionado con la protección a los acreedores. Podríamos preguntarnos por qué es necesaria esta protección y de qué hay que protegerlos. Primeramente, es importante recordar que, en la comunidad de gananciales, no existen deudas particulares, salvo aquellas contraídas antes del matrimonio o del concubinato. Por lo tanto, los bienes que forman parte de la comunidad son la garantía común de los acreedores. En otras palabras, los acreedores pueden cobrar sus deudas de la comunidad de bienes, independientemente de cuál de los cónyuges o concubinos haya contraído la deuda.

La prohibición de venta entre cónyuges se introduce para evitar el fraude a los acreedores. Este fraude podría consistir en que los cónyuges o concubinos intercambiaran activos propios para evitar que cayeran en manos de los acreedores. Dicha posibilidad surge de la confianza que se tiene en la relación conyugal o de pareja, lo que podría facilitar el traspaso de bienes entre ellos, evitando así que los acreedores puedan reclamar los bienes al verdadero deudor.

Sin embargo, si observamos esta prohibición bajo el régimen de capitulaciones, no parece tener mucho sentido. En este régimen, los cónyuges o concubinos ya han establecido un marco jurídico patrimonial que los individualiza y los hace ver como cualquier otra persona: un hermano, primo o amigo. Ambos, por razones de orden y disciplina, ya han decidido separar sus patrimonios, lo que implica que no están dispuestos a asumir las consecuencias de los desatinos del otro. En este caso, prevalece la separación patrimonial, lo que significa que si un cónyuge o concubino acepta el traspaso de bienes para ayudar al otro a evadir una obligación financiera, ambos enfrentarían individualmente las consecuencias fiscales y posibles demandas por simulación o fraude, al igual que cualquier otro tercero que participara en ese tipo de transacciones.

La prohibición de venta entre cónyuges en el régimen de gananciales tiene sentido, ya que se presume que existe una intención de intercambiar no solo los bienes, sino también compromisos y todo tipo de riesgos ¡La confianza en su máximo esplendor! Esto facilita el traspaso de bienes entre los cónyuges, lo que podría poner en riesgo a los acreedores. Sin embargo, en el régimen de capitulaciones, la situación es distinta: cada cónyuge o concubino ha decidido mantener su patrimonio separado, con la clara intención de evitar la confusión de bienes. Por lo tanto, no sería razonable pensar que, por razones sentimentales, sería tan fácil para ellos realizar, recíprocamente, traspasos de bienes para evadir deudas.

La gracia de las capitulaciones es justamente lograr la independencia patrimonial, por eso no concordamos con la prohibición de venta entre cónyuges y concubinos que se encuentren bajo este esquema. Tanto así que, si atendemos a la fortaleza económica de los consortes o concubinos de cara a la protección de la familia, puede verse con claridad la conveniencia de que se trasladen bienes entre sí; no es lo mismo tener a uno de los cónyuges o concubinos descapitalizado que a los dos al mismo tiempo, seguiría el más pudiente enfrentando por ley la manutención del hogar.

Desde otro punto de vista, la imposibilidad de venta entre parejas que mantienen el régimen de gananciales se justifica por la ausencia de autonomía patrimonial. No es posible dividir la supuesta titularidad del 50% de los derechos proindivisos, ya que el patrimonio de la pareja es el conjunto de bienes, derechos y obligaciones que comparten, y mientras esta comunidad esté vigente, es imposible realizar una adjudicación individualizada. Solo tras la disolución de la comunidad por divorcio, ruptura del concubinato o la muerte de uno de los integrantes se podrá hacer esa división. En contraste, en el régimen de capitulaciones, sí se vislumbra la posibilidad, ya que, de plano, existe esa división patrimonial.

"El que da y quita, el diablo lo visita."

—Refrán popular

Por otro lado, se justifica la prohibición de venta entre cónyuges o concubinos que hacen una comunidad, porque muchas veces se esconde una donación definitiva fingiendo una venta, lo que puede atentar contra la herencia.

Según la ley, las donaciones entre cónyuges son válidas con la condición de que puedan ser revocadas por la sola voluntad del donante. Esto implica que, bajo el régimen de gananciales, puedes donarle válidamente algo propio a tu cónyuge o concubino, pero con la posibilidad de revertir esa donación en cualquier momento. Este mecanismo funciona como un testamento, que puede ser modificado o cancelado tantas veces como sea necesario. La razón de esta norma es proteger el caudal hereditario, y se introdujo históricamente para prevenir el abuso de poder de un cónyuge sobre el otro y evitar comportamientos de ingratitud que hicieran inmerecida la donación.

El Tribunal Supremo de Justicia ha explicado que la prohibición de realizar donaciones irrevocables[11] en la comunidad de gananciales se encuentra asociada a la prohibición de venta entre cónyuges; para concluir que ambas prohibiciones persiguen la protección de la sucesión hereditaria. Esto es para evitar que uno de los cónyuges transfiera una gran cantidad de activos propios al otro, lo que vaciaría el patrimonio y perjudicaría a los herederos, especialmente a los hijos que no son comunes.

El autor Francisco López Herrera (†) aborda esta cuestión:

> *"... esa prohibición tiende a evitar que se hagan donaciones irrevocables bajo la apariencia de ventas, o dispongan más de lo que pueden de sus bienes, tiene otra razón de ser muy diferente.*
>
> *El carácter esencialmente revocable de las donaciones entre cónyuges es de orden público, por basarse en la libertad contractual; así lo reconoce la doctrina.*
>
> *Por otra parte, la institución de la legítima es igualmente de orden público, como se dispone de la circunstancia de no poder disponer el causante de la*

11 Sent. S. de C. Civil TSJ, exp. n.° 00-1047, 3/12/01. Pnc. del Mgdo. ARRIECHE, Franklin G.

> *cuota legitimaria, ni de poder privar de ella a quienes "se debe en plena propiedad", como dice la Ley ...*
>
> *En consecuencia, este último argumento que sirve de fundamento a la prohibición de realizar ventas entre los esposos, está basado en el orden público y por su carácter superior se impone a las demás razones para la prohibición..."*[12]

Expliquemos esto de forma clara y sencilla: obviamente, podemos hacer lo que queramos con nuestros bienes, siempre y cuando no estemos favoreciendo desproporcionadamente a algunos de nuestros herederos sobre otros, ya que esto sería una manera desordenada de anticipar la herencia (lo explicaremos más adelante). Ahora bien, ¿quién es la persona que tenemos al lado todos los días?; ¿quién es nuestro confidente inmediato?; ¿a quién entregamos nuestro amor y pasión?; ¿a quién, en principio, queremos ver feliz?: pues, claro, a nuestra pareja. Esta tendencia es inevitable, y por ello se han condicionado las formas en que se pueden hacer donaciones entre cónyuges o concubinos. Así se evita que un enamorado ferviente le entregue todo al otro, perjudicando a los herederos legitimarios.

Ahora, ¿qué pasa si el matrimonio o concubinato está regido por capitulaciones de corte divisorio, donde cada uno es propietario de lo que adquiere, sin posibilidad de mezclar patrimonios? En ese caso, el patrimonio de cada cónyuge o concubino está perfectamente delimitado, y la prohibición parece carecer de sentido.

Aunque la protección de la legítima es justificada a través de la revocabilidad de las donaciones y la prohibición de venta entre cónyuges o concubinos, cuando hablamos de capitulaciones, el patrimonio ya está perfectamente delimitado. En este caso, no necesitas la autorización de tu cónyuge o compañero[13] para vender tus bienes, y cualquier donación que recibas también será irrevocable. Tampoco, bajo capitulaciones, un cónyuge o concubino requiere autorización para donar sus bienes, lo que hace que la protección de la legítima pierda ese sentido; y la

12 LÓPEZ HERRERA, Francisco: La Nulidad de los Contratos en la Legislación Civil de Venezuela. El Cojo, S.A., Caracas, 1952, páginas 124 y 125.

13 Cada vez que en esta monografía se utiliza el término "autorización" por parte del concubino (a) para que la pareja pueda realizar determinados actos como ocurre en el matrimonio nos estamos refiriendo al supuesto del concubinato registrado en el registro civil, por cuanto respecto de las otras relaciones concubinarias que no han sido registradas no existe ningún tipo de control acerca de su existencia. Recordemos que esas relaciones que no cuentan con la constancia de concubinato deben verificarse a través de sentencia firme. (El autor).

responsabilidad sobre la proyección hereditaria recae entonces en la conciencia de la persona.

Todas estas razones son suficientes para justificar la libre contratación entre cónyuges o concubinos bajo capitulaciones. Además, la Sala Constitucional del TSJ, en su célebre decisión de noviembre de 2021, confirmó que es posible celebrar capitulaciones dentro del matrimonio o concubinato[14]. Con ello, se despeja la incógnita: al permitir la celebración de capitulaciones durante la relación, es posible disolver la comunidad de gananciales de forma anticipada, y esa partición permite el traspaso de bienes entre cónyuges o concubinos. Además, las donaciones irrevocables entre ellos son válidas dentro del marco de las capitulaciones, lo que elimina la preocupación sobre la protección de la legítima.

En definitiva, las normas que prohíben la donación irrevocable y la venta entre cónyuges son aplicables únicamente al régimen de gananciales[15].

"Si quieres enemigos, presta dinero a tus amigos"

—*Refrán popular*

Luego ¿son válidos los préstamos entre la pareja? La respuesta es que no. Ni con el régimen de gananciales ni con unas capitulaciones, debido a la obligación de socorrerse mutuamente. En teoría, no debería haber préstamos entre cónyuges o concubinos; sin embargo, existen, algunos de ellos disfrazados o encubiertos.

¿Cómo sería posible demandar a alguien con quien se supone debes socorrerte mutuamente? Sería contradictorio y atentaría contra la moral y las

---

14 Sent. n.° 0652 de la S. Const., TSJ, 26/11/21.

15 "(...) Al prohibirse la venta entre cónyuges, conforme a lo señalado en el artículo 1.481 del Código Civil, se refiere a bienes de la comunidad conyugal; lo que sería susceptible de ser donado entre los cónyuges, son aquellos bienes que pertenezcan a uno sólo de los cónyuges o que, adquirido por uno de ellos, sea donado mediante documento auténtico y en el cual se exprese, sin lugar a duda, que se está donando dicho inmueble. Si bien se permite la donación entre cónyuges, se repite, no pueden ser bienes que conformen la comunidad de gananciales. (...). De la transcripción anterior, se constata que el sentenciador declaró improcedente la defensa referida a la donación que recibiera el demandado de la cuota parte que pertenece a la accionante, pues los bienes que conforman la comunidad de gananciales no pueden ser donados en virtud de lo establecido en el artículo 1.481 del Código Civil, que prohíbe la venta de bienes entre los cónyuges, ya que sólo se permite la donación entre cónyuges cuando se trata de bienes propios". (S. de la S. C. C. TSJ, exp. 2005-000467 con ponencia del Magdo. OBERTO VÉLEZ Carlos, 29/11/2005).

buenas costumbres. Además, una demanda podría conllevar medidas cautelares, como un embargo, lo cual resulta impensable entre cónyuges o concubinos.

A pesar de esto, tenemos que comentar lo que sucede en la cotidianidad: ¡sí, ocurre!, se dan los mal llamados préstamos entre parejas; ¿quién se atreve a decir que esto no sucede? La confianza, o más bien la desconfianza, puede llevar a la mala costumbre de prestarse mutuamente, aunque sea un ejercicio de poder por parte de quien más produce. En el fondo, no se trata más que de usar un dinero que también le pertenece al otro.

En la comunidad de gananciales, no se le pide un préstamo al compañero de vida, sino que se solicita autorización para disponer de algo que también le pertenece al otro. Este problema solo surge si uno de los cónyuges o concubinos se queda sin liquidez, ya que, si tiene suficiente, simplemente utiliza los fondos sin consultar al otro, actuando como si estuviera bajo un régimen de capitulaciones. Cabe recordar que en gananciales cada uno administra lo que produce, y el otro solo puede supervisar cómo se usa ese dinero, que también le pertenece.

Por lo tanto, en la comunidad de gananciales no existen ni deberían existir los préstamos entre cónyuges o concubinos. Incluso si uno de ellos utiliza fondos propios para apoyar al otro, este apoyo estaría destinado al beneficio mutuo, y no sería considerado un préstamo en el sentido formal.

Tampoco en el caso de que se utilicen fondos comunes para mejorar bienes privados, no se trataría de un préstamo, sino de una inversión de la comunidad; un cargo en suspenso que podrá hacerse valer en una eventual partición.

Se dice que los cónyuges o concubinos están obligados a rendir cuentas sobre todo lo que administren, pero en la práctica diaria, esto suele ser distinto. Quien más gana a menudo se convierte en una figura a la que el otro debe recurrir casi con súplicas para acceder a esa bonanza. Con esa superioridad económica, se imponen préstamos al que momentáneamente está en desventaja, incluso si ese dinero también le pertenece. Si analizamos esta situación, queda claro que las inversiones las decide quien más gana.

En el contexto de las capitulaciones, las cosas son más claras: cada uno sabe lo que es suyo, y más allá del auxilio recíproco, no hay obligación de otorgar esos supuestos préstamos contra un fondo común que, en muchas ocasiones, termina siendo controlado por uno solo. No debemos olvidar que quien administra algo a veces lo hace a su antojo, como si fuera absolutamente suyo.

¿Qué sucede con el dinero prestado bajo capitulaciones? Hay que diferenciar si se trata de auxilios o inversiones. Auxiliar a tu pareja no es un préstamo, sino una obligación común. Pero el dinero solicitado para inversiones sí son préstamos, asumidos por alguien con patrimonio separado. Al final, son deudas que deberán resolverse judicialmente cuando llegue el momento indeseado de la disolución del vínculo. Claro, se trata de liquidar una comunidad ordinaria (como puede existir con cualquier persona). Algunos podrían preguntarse: ¿y no habría prescrito esa deuda con el paso del tiempo? La regla general es que la prescripción no corre entre cónyuges o concubinos. Así como es posible reclamar los aportes de dinero propio en una partición de bienes gananciales, también lo sería en el caso de una deuda contraída bajo un régimen de capitulaciones.

"Pesa las opiniones, no las cuentes."

—Séneca

Ahora, más allá de lo que puede o no legalmente hacerse, las especulaciones en torno a las capitulaciones son el problema central. No es un secreto que la fórmula capitular suele ser propuesta por el miembro de la pareja con mayor poder económico o más pujanza, generalmente después de "dar más vueltas que un perro antes de echarse". Cuando finalmente se plantea el tema, el otro suele sentirse despojado de algo, aunque no sabe exactamente de qué, ni cuándo, cómo o dónde. Solo escucha en su mente una voz que le advierte que lo están apartando de algo en lo que se veía involucrado económicamente, incluso antes de que se haya producido el matrimonio o la formalización del concubinato.

Algunas personas piensan que, de antemano, se les está privando de lo que ya existe, de lo tangible; otras ven en las capitulaciones una ofensa o una señal de desconfianza, desamor y egoísmo, como si el "papelito" fuera el pilar de la incipiente unión. Tanto hombres como mujeres creen, en algunos casos, que la capitulación es un augurio de divorcio o ruptura, ¡como si el matrimonio o concubinato ya comenzara mal! Tampoco falta quien piense que, con las capitulaciones, se estaría perdiendo la oportunidad para "sacar algún beneficio" de la relación.

Hemos recogido opiniones sobre el hipotético planteamiento de las capitulaciones, en torno al cual las mujeres tienden a coincidir en respuestas como: *"si estoy enamorada, sigo, pero no me caso"*; *"si no confía en mí, ¿para qué casarnos?"*; *"¿y qué pasará con mi trabajo cuidando a los niños?"*. Por su parte, los hombres suelen expresar: *"lo que me interesa es asegurar el negocio"*; *"lo de la casa familiar puede negociarse"*. Estas reacciones reflejan las diversas perspectivas sobre el tema, las cuales sintonizan con los comentarios vertidos en un foro digital donde personas de ambos sexos compartieron su opinión:

- *"Las capitulaciones son una cuestión de confianza, o falta de ella. Sin embargo, también pueden verse como un compromiso entre dos personas que establecen un acuerdo claro al contraer matrimonio."*
- *"Ayudan a ambos cónyuges a saber qué esperar si el matrimonio no funciona."*
- *"Desde una perspectiva legal, es buena idea considerar las capitulaciones si:*

> *Tienes una fortuna que deseas preservar,*
> *Eres propietario de un negocio,*
> *Es probable que te hagas famoso,*
> *Esperas heredar bienes,*
> *Tienes obligaciones financieras familiares,*
> *Uno de los cónyuges gana más que el otro."*

Otra opinión sostenía:

- *"Si una persona tiene dinero, las capitulaciones deberían existir. Hay quienes se casan solo por interés económico, y luego vienen los problemas porque todo lo adquirido pasa a ser del matrimonio, incluso si la otra persona no ha contribuido. Al final, los niños se convierten en trofeos de guerra."*

También se destacan otras posturas más pragmáticas:

- *"En esta época, el amor eterno es solo una anécdota familiar o de novelas. Es necesario modernizar las leyes y equiparar lo que corresponde a los bienes adquiridos durante el matrimonio, sin involucrar los bienes individuales. Eso de 'lo tuyo es mío y lo mío también' debe terminar."*
- *"Desde mi óptica, las capitulaciones condicionan el amor. Si es verdadero, está más allá de lo material; los bienes adquiridos después del matrimonio son los únicos que deberían contarse como gananciales."*

Algunos expresan que las capitulaciones son una solución justa para evitar conflictos futuros:

- *"Estoy de acuerdo en que las cosas deben estar claras desde el principio. Mientras estén juntos, compartirán todo; pero si el amor se acaba, no me parece justo que una persona con una fortuna importante tenga que perder parte de ella por una relación que no funcionó. Lo único que debería entrar en conflicto son los bienes que se hayan adquirido juntos."*

- *"Cuando todo va bien, todo es 'nuestro'. Pero cuando las cosas empiezan a ir mal, de repente todo es 'mío'. Las capitulaciones son la mejor manera de evitar esto, porque, así como se ama, también se puede odiar."*

En cuanto a las inquietudes más personales:

- *"Yo me casé por capitulaciones porque él me lo pidió. A veces, cuando nos enojamos, dice que todo es de él. Nunca me dejó trabajar y no tengo nada a mi nombre, ni un dólar; aunque no me falta nada, pero mientras esté con él, lo amo, por eso sigo aquí."*

Finalmente, algunas opiniones reflexionan sobre los valores y la modernidad en el matrimonio:

- *"Las capitulaciones no deberían verse como un acto de desconfianza. Son una forma de asegurarse de que cada uno sabe qué esperar en caso de que las cosas no funcionen. No se trata de malicia, sino de claridad."*
- *"Si una pareja comienza sin bienes, no veo la necesidad de capitulaciones. Sin embargo, si alguno o ambos tienen patrimonio o hijos, es una práctica saludable, siempre que se entienda bien su significado."*
- *"Ahora, los valores han cambiado. Se privilegia más el capital que los valores humanos. Aun así, las capitulaciones son útiles para establecer cuentas claras y evitar conflictos futuros."*

Como se puede observar, la figura de las capitulaciones suscita opiniones encontradas, llenas de recelos e intriga; y aunque no lo confesemos, a muchos nos interesa. Claramente, la seguridad patrimonial en cualquier relación es un tema sensible que genera debate, y vivir aislado de estas consideraciones sería ignorar una parte importante de la realidad.

Juntos, pero con capitulaciones

"No existe tal cosa como 'tu verdad' o 'mi verdad', solo la verdad."
—*Lawrence W. Reed*

No nos graduamos para casarnos o simplemente para vivir con alguien, porque ni siquiera el mejor consejo nos garantiza un resultado positivo. El matrimonio o el concubinato comienza, se desarrolla y puede culminar lleno de incertidumbre. Ahora, ¿qué tiene de malo tomar decisiones que permitan ese camino con una certeza patrimonial? ¿O es que realmente se deja de querer a alguien por el hecho de actuar con determinación? A eso apuntan "las capitulaciones": a erigir una empresa donde cada accionista sepa qué papel juega en esa composición, cuándo invertir o no, y hasta prever cuándo retirarse, conservando su capital. Más bien, quien rehúye este símbolo de libertad debería levantar suspicacia y preocupación.

No es mentira que las imprecisiones y especulaciones influyen, generando dudas en esos momentos en los que este tema debe ponerse sobre la mesa. Todo ello debido a una obstinada censura que genera un inexplicable entorpecimiento. Posturas "moralistas" que claudican cuando hay que enfrentar lo incierto; un abordaje que, en ocasiones, ha sido la causa de ruptura en prometedoras relaciones, sobre todo en personas que perciben la propuesta como un símbolo de desconfianza o aislamiento económico. Otros llegan a etiquetar la idea como deslealtad o mala fe, como si fuera una trampa. En algunos casos, las mujeres invocan el derecho sucesoral de hijos aún no concebidos, lo que desencadena discusiones repletas de opiniones desatinadas, cada una cargada con la personalidad o crianza de quien las emite. Lo cierto es que este sofisticado término provoca una inmensa angustia en los hombres al intentar expresarlo "a calzón quitado", y en ellas, un rechazo equivalente. A veces, pareciera más fácil confesar una infidelidad que proponer este esquema particular para regular los aspectos patrimoniales futuros de la relación. Aunque no sería prudente ni respetuoso generalizar, cabe destacar con responsabilidad que esta "patología" suele afectar principalmente a las personas económicamente desfavorecidas.

Los sondeos desdicen de la franqueza de los hombres para encarar la situación; en cambio, ellas —siempre sensatas y decididas (¡alguien tiene que poner el ejemplo!)— no dudan en contratar los servicios de un abogado para que las asesore sobre los intríngulis de la figura, haciendo de la propuesta, como debe ser, un tema fluido como cualquier otro.

La opinión prevalente es que las capitulaciones, especialmente las de corte absolutamente divisorio, evitan muchos problemas en caso de divorcio o ruptura del concubinato. No habría nada que discutir en cuanto a bienes, que casi siempre es el punto álgido. Lo demás es "harina de otro costal", como la temática relacionada con los hijos menores. Aun cuando en ciertos casos se pretende desvirtuar el régimen patrimonial adoptado por la existencia de hijos. Cuando lo cierto es que, legalmente, las cosas no funcionan de esa manera.

> *"Las buenas intenciones parten del alma, y se detienen en el bolsillo."*
>
> —*Frase anónima*

No deja de impresionar el subjetivismo y la sensibilidad que impregnan el asunto patrimonial en cada relación, y a veces la arrogancia es clave para entender por qué conviene seguir el camino de las capitulaciones. ¡Sí!, ¿por qué negar que la mejor posición económica de uno de los cónyuges o concubinos, en la mayoría de los casos, eleva su poderío sobre el otro? Esto puede ocurrir en cualquier sistema patrimonial, pero cuando media la comunidad conyugal o de gananciales, se manifiesta o, más bien, se agudiza un síntoma casi generalizado: el ocultamiento de bienes por considera que lo hemos logrado individualmente, y la negación de que el compañero de vida merece una participación igualitaria. Tal vez porque no se percibe en el otro el empeño deseado, o por pensar que son mayores nuestras aptitudes, lo que a menudo se convierte en preludio del menosprecio. ¿Acaso esto no es peor que celebrar capitulaciones?

Sucede con frecuencia que el cónyuge o concubino con mejor situación económica dentro de una comunidad de gananciales es quien toma las decisiones sobre los gastos importantes; y al otro no le queda más remedio que pedir permiso, como un hijo a su padre, aunque el patrimonio sea, en teoría, compartido. Se convierte en una frase hecha, ya que todos sabemos que, en la práctica, las cosas no funcionan así. Parece ser una cuestión psicológica que debilita la voluntad del otro al tomar parte en la gestión de ese "fondo común". Entonces, ¿por qué no sincerar los aspectos patrimoniales si el comportamiento termina siendo el mismo que en un régimen de capitulaciones, sin importar la forma que adopte? Dicho de otro modo, muchos ven con horror al sistema capitular, y aun así se comportan como si lo hubieran adoptado. La verdad es que el presupuesto de la vida exige proyectos que difícilmente se logran en el laberinto de los gananciales, donde lo económico no es precisamente una ventana que permita la entrada de luz suficiente.

¡Vaya cantidad de cosas que se dicen sobre las capitulaciones! Escudriñamos en su esencia, profundizamos en explicaciones, y aún persiste el paradigma de los gananciales, tan sólido como un rompeolas. Por costumbre, tradición e incluso por religión, se sigue un modelo económico que realmente desconocemos, aunque al final todos acabemos en el mismo tribunal, esperando que nos descifren aquello que dábamos por entendido. En términos generales, tenemos la vaga idea de que somos dueños de la mitad de algo, sin comprender a fondo los compromisos que estamos asumiendo de manera gradual.

Por otro lado, las capitulaciones representan claridad: el dinero en cuenta, la certeza de lo que poseemos. Y ahora, ¿quiénes son las personas que se enojan por los límites? Aunque cueste decirlo, muchas veces son aquellos que pensaban beneficiarse, justamente, de la falta de esos límites. No olvidemos que no es lo mismo empezar sin capitulaciones que llevarlas como parte del equipaje. Es cierto que despiertan todo tipo de sentimientos ajenos a la escena: tristeza, rabia, suspicacia y hasta decepción, como en un cortometraje dramático. Son tantos pretextos que llegamos al origen de tales sinsabores: *los prejuicios*. ¡Sí!, esos que, como bien decía Voltaire, son la razón de los tontos, aunque a veces resulten sinuosos y peligrosos. Quizás se trate de una herencia conceptual enquistada en nuestra sociedad, que ya resulta anacrónica en estos tiempos, cuando no se justifica tanta decadencia. Dejemos que soplen vientos más frescos y enfrentemos la realidad de nuestro *modus vivendi*, donde ambos aportamos con el mismo esfuerzo. Ya nuestra economía y la modernidad han dejado atrás el cuento de que la contribución de la mujer se reduce a su labor en casa, al cuidado de los niños y vigilando el contenido del refrigerador. Esa historia ya es cosa del pasado.

Mientras tanto, en la acera de enfrente, el aporte económico de la mujer sigue contabilizándose sin mayor publicidad, aunque a menudo asuma los gastos, de manera compartida y, en otros casos, íntegramente. Aún sigue siendo un sueño compartir de manera equitativa las obligaciones relacionadas con el cuidado de los hijos y el hogar, a pesar de que la propia Ley para la Protección de las Familias, la Maternidad y Paternidad involucra al padre, otorgándole inamovilidad laboral y licencia de paternidad con el nacimiento de sus hijos[16].

---

16 Arts. 8 y 9 de la Ley para la Protección de las Familias, la Maternidad y Paternidad: "El padre, sea cual fuere su estado civil, gozará de inamovilidad laboral hasta un año después del nacimiento de su hijo o hija, en consecuencia, no podrá ser despedido, trasladado o desmejorado en sus condiciones de trabajo sin justa causa..." "Licencia de paternidad. El padre disfrutará de un permiso o licencia de paternidad remunerada de catorce días continuos, contados a partir del nacimiento de su hijo o hija, a los fines de asumir, en condiciones de igualdad con la madre el acontecimiento y las obligaciones y responsabilidades derivadas en relación a su cuidado y asistencia (...) En caso de enfermedad grave del hijo o hija, así como de complicaciones graves de salud, que coloque en riesgo la vida de la madre, este permiso o licencia de paternidad remunerada se extenderá por un período igual de catorce días continuos...".

Se sigue hablando, y mal, de las capitulaciones, pero poco, o no con la misma fuerza, sobre el tremendo esfuerzo de las mujeres durante el período de lactancia (que hoy se promueve de manera exclusiva). ¿Y en qué se relacionan ambas cosas?: en la posibilidad de un pacto patrimonial, previo o durante ese periodo, que garantice a la mujer estabilidad económica en un momento de vida que es de exclusiva competencia para ella. ¿O es que acaso son pocas las que se quedan a la deriva en este trance? Entonces, ¿por qué seguir viviendo bajo el manto de una supuesta mancomunidad cuando la realidad es otra?

"Primero son mis dientes que mis parientes".

—Refrán español

Solo como ilustración, y como quien no quiere la cosa, échenle un vistazo a la vida ajena —¡chisme, pues! — y averigüen, aunque sea como un ejercicio mental, sobre quienes verdadera y visiblemente aportan las ganancias del mes o el beneficio íntegro de un fructífero negocio. Se percatarán de que es pura falacia. No negamos que, como toda excepción a la regla, existan tales personas, pero sabemos bien que no es lo que abunda. Al contrario, nunca faltan aquellos que viven prometiendo una vida espléndida, cuando la única que parece mejorar es la suya.

En puridad de conceptos, y en general, no existe tal fondo común. Es distinto cuando reinan las capitulaciones, donde puede estipularse o verificarse, como efecto de tenerlas, la inversión en determinados rubros que mejoren la calidad de vida o la instauración de un negocio en partes iguales o en proporción a los aportes. ¿Qué hay de malo en eso? Si los gananciales fueran tan compenetrados, ¿por qué en los conatos de divorcio comienza la puja sobre quién aportó qué o cuánto? Y acto seguido, se realiza una partición anticipada, por imaginaria que sea. ¿O acaso no es así?

¡La gramática, la gramática y los consabidos términos posesivos!

"Mi carro", "el de ella", "su cuenta en dólares", "mi compañía", "mis prestaciones sociales", "mis terrenos" .... ¡hasta entre sí los usáis! Expresiones propias de un sistema capitular, ese mismo que para muchos resulta odioso y entrañable a la vez, aunque en silencio. La casa de habitación es el primer objetivo de aprehensión: "No sé por qué, pero es mía, es parte de mí y de mis hijos", y cosas similares. Si esa era la aspiración o previsión —válida, por cierto, ya que alguien debe pensar en cómo sobrellevar las cargas del proyecto familiar—, pudieron haber pactado una donación en las capitulaciones. El novio, cónyuge o concubino podría haber donado a la mujer, en atención a la llegada de los hijos[17] [18], inclusive sin haberlos concebido[19], un inmueble para que sirviera como casa de habitación, o directamente a estos, con la aceptación de la madre.

Lo importante en esta idea es que el bien efectivamente exista. No caben acuerdos que prometan una casa inexistente, con el compromiso de comprarla en algún lugar y con determinadas características, pues eso sería una donación de bienes futuros, lo cual no tiene validez en nuestra legislación[20].

La buena noticia, o más bien la transparencia en este tipo de donaciones es que si se produjera el divorcio o la ruptura del concubinato sin hijos, la donación quedaría sin efecto. Esto podría ser lo menos atractivo de la propuesta, pero no se le resta importancia al hecho de que la mujer tendría la certeza de contar con una casa en todo momento. No habría prisa ni una fecha límite para la procreación, ya que más que una condición, es la motivación de la donación: garantizar un techo para la familia. Como vemos, se pueden evitar muchos tragos amargos, pero se prefiere, a rajatabla y en litigio, luchar por esto.

> *"Dos linajes solo hay en el mundo: como decía una abuela mía, que son el tener y el no tener, aunque ella al de tener se atenía."*
>
> *—Miguel de Cervantes*

Cuando se habla de capitulaciones, no se trata de trazar una gruesa línea divisoria entre los esposos o concubinos. Podríamos preguntarnos entonces cómo manejar este acuerdo sin que se perciba como una separación total, sin poner al otro

---

17 Artículo 1.450 del Código Civil venezolano: "La donación hecha en consideración de un matrimonio futuro quedará sin efecto si el matrimonio no se verifica. (...). En cuanto a los hijos, la donación hecha en atención a ellos se mantiene eficaz si se llenan las condiciones del artículo 127". (...).

18 "(...) La función que suelen cumplir [las donaciones] es la de contribuir los donantes a las cargas familiares con motivo de la llegada de los hijos o por razón de la realización de gastos de extraordinaria necesidad a que ha de hacer frente la pareja en circunstancias determinadas". (LUQUIN BERGARECHE, Raquel: La Donación Propter Nuptias en el Régimen Común y Foral. Sus retos en el actual contexto social, Revista Jurídica de Navarra nº 50, España, 2010, pág. 104.

19 Art. 1.443 del Código Civil venezolano: "Los hijos por nacer de una persona viva determinada pueden recibir donaciones, aunque todavía no se hayan concebido. Para la aceptación, los hijos no concebidos serán representados por el padre o por la madre indicados por el donante, según el caso". (...).

20 Art. 1.433 del Código Civil venezolano: "La donación no puede comprender sino bienes presentes del donante; si comprende bienes futuros es nula respecto de éstos".

completamente al margen de lo que es propio o privativo. Es necesario aclarar que capitular no significa separar en el sentido estricto y rígido de la palabra. No se trata, por ejemplo, de decir: "mantente completamente alejado de lo que es mío", sino de entender el "uso" de las cosas, que es diferente a su disposición cuando hablamos de propiedad.

No pretendemos maquillar a las capitulaciones; solo aclarar que, cuando se habla de titularidad, el régimen de gananciales es realmente incierto, lleno de lagunas. La propiedad exclusiva no necesariamente implica uso exclusivo. La calidez en una relación de pareja ya sea matrimonial o concubinaria, puede mantenerse a través del uso compartido de bienes. Titularidad no es sinónimo de egoísmo o distanciamiento. De hecho, en muchos casos, puede haber más bienes privados en un régimen de gananciales que en uno de capitulaciones, desafiando la idea de que la propiedad exclusiva implica distanciamiento.

Es importante entender que el hecho de que algo sea de propiedad exclusiva de uno de los miembros de la pareja no significa que se prive al otro de su uso. Es como compartir el pan o cualquier otra cosa cotidiana. A decir verdad, no hay necesidad de establecerlo en unas capitulaciones. Al final, si lo que define la relación no es el deseo de acaparar, sino de socorrerse y compartir, la disposición de los bienes puede ser un tema menor. Aun así, las capitulaciones suelen ser malinterpretadas, mientras que el régimen de gananciales, en algunos casos, permite que uno de los miembros de la pareja tome decisiones unilateralmente, incluso ahorrando o invirtiendo en secreto con el pretexto de estar cuidando el bienestar común.

Veamos un ejemplo que ilustre esta idea: Eduardo tiene en su haber privado diez vehículos. Que su cónyuge o concubina no pueda utilizar ninguno de ellos no debería ser un problema del régimen patrimonial, sino un reflejo de la falta de cooperación en la pareja ya sea que estén en gananciales o en capitulaciones.

La mayoría de las personas que ven con desconfianza a las capitulaciones piensan que estas necesariamente marginan al otro. Sin embargo, la verdadera ruta debería ser compartir y fomentar el crecimiento del otro a partir de ese capital privativo. La titularidad no es lo más importante. Quien quiera disponer que compre, quien quiera comprar que produzca, y quien quiera producir que se prepare. No se trata de tener derechos sobre algo solo por el hecho de estar en una relación.

La disposición y el uso de los bienes son atributos de la propiedad. El uso de esos bienes no debería requerir permiso constante; esto depende de la calidad de la relación. Incluso en el régimen de gananciales, cada cónyuge o concubino administra lo proveniente de su trabajo o profesión, lo cual implica –subliminalmente– una forma de separación patrimonial. Un ejemplo lo vemos el ámbito corporativo: aunque en casa se discuten ideas, las decisiones suelen ser individuales debido a la administración separada de los medios de producción que cada uno gestiona legalmente. Lo mismo ocurre con las capitulaciones matrimoniales. Y, lo curioso o más bien relevante es que ambas situaciones conllevan el uso de las cosas, ¡no podemos negarlo!

Por tantas confusiones es que muchos, en la práctica, operan en un régimen cuasi capitular, donde cada uno se protege de manera sigilosa, ya sea con buenas intenciones o no, preparando un refugio económico, no siempre porque se avecine una tormenta, sino por simple instinto de supervivencia.

Bienes comunes y los que son propios de los cónyuges o concubinos. La posible confusión patrimonial

"La ruptura de un vidrio siempre deja partículas esparcidas que no se ven a simple vista."

—Frase anónima

En definitiva, ¿cuáles bienes entran en la comunidad de gananciales? La premisa es que son aquellos bienes adquiridos a título oneroso durante el matrimonio o el concubinato. Es decir, cualquier adquisición que implique una contraprestación por parte de cualquiera de los dos integrantes de esa comunidad, ya sea que la adquisición se realice a nombre de la comunidad o solo de uno de ellos.

Es cierto que en la comunidad de gananciales cualquier bien adquirido pertenece a ambos, sin importar quién figure como propietario en el título correspondiente, siempre que el dinero empleado para la adquisición se haya generado durante el matrimonio o la relación concubinaria. Sin embargo, no es raro que se presenten "confusiones patrimoniales", siendo uno de los factores más comunes la temporalidad de los activos laborales. Dado que estamos hablando de gananciales, hablamos de ganancias, e incluimos como bienes comunes los obtenidos a través de la explotación de un negocio, profesión, oficio o simplemente el trabajo de alguno de los dos.

Debe quedar claro entonces que, cuando no existe un régimen especial (como las capitulaciones) sino el régimen ordinario (comunidad de gananciales), todo lo que se perciba producto del trabajo forma parte del patrimonio común. Esto incluye todo tipo de ingresos laborales: salarios, prestaciones sociales, utilidades, bonificaciones y cualquier otro concepto que represente un activo laboral. En este contexto, no se puede ignorar un tema polémico que surge con la indemnización por antigüedad. En muchos casos de divorcio, y ahora también en casos de ruptura de concubinato, se pretende incluir este concepto en la partición sin realizar un corte de cuentas adecuado, lo cual es incorrecto. Por el contrario, deberían excluirse los años de trabajo anteriores al matrimonio o a la relación concubinaria.

Ahora viene un punto crucial: existe una particularidad que hace que lo propio deje de ser totalmente propio. Esto ocurre debido a una disposición legal que establece que "los frutos, rentas o intereses devengados durante el matrimonio, procedentes de los bienes comunes o de los peculiares de cada uno de los cónyuges"[21] también serán considerados bienes comunes.

Puede que no cause sorpresa las fuentes de ingresos dentro del matrimonio o el concubinato, pero resulta más complicado entenderlo cuando se trata de bienes adquiridos antes de la relación. Detengámonos en el tema de las rentas y frutos obtenidos de bienes "particulares". ¿Qué significa esto? ¿Cómo es posible que un bien adquirido antes del matrimonio o por herencia genere rentas que se consideren comunes? La respuesta radica en las fuentes de abastecimiento que deben sostener a la familia cuando el régimen de comunidad de gananciales está vigente en el matrimonio o concubinato. En cualquier caso, estamos hablando de ganancias [gananciales], sin importar si provienen del trabajo, de una inversión o, en este caso, de la renta de bienes propios.

Es importante subrayar que cualquiera de los dos puede poseer bienes propios adquiridos antes del matrimonio o concubinato. Sin embargo, las rentas y otros frutos percibidos como resultado de esa posesión, excepto la plusvalía, pasan a formar parte de la comunidad. La razón es que esos ingresos se consideran fruto de una inversión hecha por uno de los dos, es decir, una ganancia. Esto ocurre porque no existe un régimen específico que regule todos los detalles patrimoniales a observar durante la relación. Lo que parece una excepción es en realidad la norma: las rentas o rendimientos de los bienes, tanto comunes como propios, serán siempre compartidos. Así, sin importar que el terreno que el esposo heredó de sus padres sea exclusivo o particular, si lo arrienda, la renta que perciba será ganancial; o si lo vende, aunque el precio de venta sea un bien propio, si deposita ese dinero en un banco, los intereses generados también serán gananciales.

Es comprensible que los bienes propios se utilicen para contribuir a las cargas familiares. Las capitulaciones matrimoniales o concubinarias no necesariamente

---

21 Art. 156.3 Código Civil venezolano.

se oponen a esta responsable intención; el asunto radica en que no existiría una imposición, todo dependería de las estipulaciones incluidas en ese régimen particular. De igual manera, podría suceder que se establezca que cualquier bien obtenido durante la unión será exclusivo de quien lo haya adquirido, dejando clara la excepción en lo referente a las rentas y otros accesorios. Por ejemplo:

"A" y "B" estipulan en sus capitulaciones que los bienes inmuebles adquiridos durante el matrimonio o el concubinato serán del patrimonio particular de cada uno. También establecen que las rentas, intereses u otros frutos formarán parte de un fondo común para ser compartido por los cónyuges o concubinos y administrado por cualquiera de ellos, según acuerden.

Algo curioso ocurre con los intereses generados por el dinero. Si el capital es propio o privativo, los intereses que genere se considerarán ganancia para la comunidad, pero no así su ajuste por inflación o indexación, ya que esto representa simplemente el mismo dinero proyectado en el tiempo.

La comunidad de gananciales es tan absorbente que hasta las utilidades más pequeñas pueden formar parte de ella. Por ejemplo, la utilidad que generen las acciones en compañías o sociedades mercantiles, ya que se considera un rendimiento. En ese sentido, los dividendos percibidos forman parte de ese fondo común, y no solo los dividendos, sino que las utilidades que hayan sido decretadas crean, por sí mismas, un derecho de crédito para la comunidad. Así, podría decirse que quien es consorte o pareja de un accionista en una compañía sólida recibe una buena parte de esos beneficios. Sin embargo, no debemos olvidar que la dinámica mercantil también puede generar obligaciones del accionista con la sociedad, las cuales podrían ser asumidas por la comunidad. Esto incluye, por ejemplo, el reintegro[22] del capital afectado por pérdidas, con la finalidad de nivelar el patrimonio de la compañía, manteniendo el mismo valor y número de acciones. En este caso, no se confunde la titularidad accionaria, sino que se genera una deuda del accionista (cónyuge o concubino) con la comunidad de gananciales si no se ha utili-

---

22 "El reintegro de capital es el acto por el cual los socios vuelven a aportar un importe igual o distinto a lo antes aportado, a prorrata de las acciones que poseen, sin recibir a cambio de dichos aportes, nuevas acciones. Lo que se pretende con el reintegro, es aumentar el patrimonio afectado por pérdidas con el fin de restablecer su equilibrio con el capital. Con ese aporte se produce un aumento patrimonial real que permite compensar y eliminar las pérdidas acumuladas. Producido el reintegro se produce un aumento de patrimonio sin que varíe el capital social ni el integrado. El capital social permanece igual porque no hay reforma del estatuto". (Monografías Plus. Enlace: https//www.monografias.com/docs/Aumento-Reintegro-Reducci%C3%B3n-Del-Capital-Social-As%C3%AD-F3K4DYTPC8U2Y).

zado dinero propio. A diferencia de un aumento de capital durante el régimen de gananciales, esa nueva cuantía, ya sea por el valor de la acción o por la suscripción de acciones adicionales, sí pertenecerá a la comunidad si esta ha hecho el aporte.

Dentro de la clasificación de los bienes nos encontramos con la figura de las donaciones realizadas por terceros (suegros, abuelos, amigos, etc.) a los futuros contrayentes o a uno de ellos con motivo del matrimonio. Estas donaciones también están reguladas, indicándose que: "Los bienes donados o prometidos a uno de los cónyuges, por razón del matrimonio, aun antes de su celebración, pertenecen a la comunidad, a menos que el donante manifieste lo contrario"[23].

¿Qué debemos saber o diferenciar respecto a las donaciones matrimoniales, concubinarias o prenupciales? Cada una tiene efectos particulares dependiendo de: a) si los novios, con o sin capitulaciones, se hacen donaciones condicionadas a la boda; b) si terceras personas realizan donaciones a los futuros contrayentes; c) las donaciones que se hacen los esposos o concubinos entre sí; y d) cuando ya están casados o viviendo en concubinato y reciben donaciones de terceros.

Cuando uno de los cónyuges o concubinos recibe una donación de un tercero durante la relación, ese bien se considera propio, sin lugar a duda. Ahora bien, si la donación o promesa de donación se hace a uno de los novios por el solo hecho de las futuras nupcias, podríamos considerarlo un acto condicionado. En este caso, una vez celebrado el matrimonio, los bienes donados formarían parte de la comunidad de gananciales. Sin embargo, esto tiene una excepción: si el donante expresa lo contrario en el documento de donación, el bien será propio del donatario, es decir, de quien lo recibe.

Las donaciones también pueden ser conjuntas y, a la vez, desiguales. En tal caso, cada cónyuge o concubino conservará el bien donado en proporción a lo especificado en el documento. Si no se detalla la alícuota asignada a cada uno, el bien se considerará parte de la comunidad de gananciales.

También es importante mencionar las donaciones que uno de los cónyuges o concubinos puede hacer al otro. En este caso, el bien donado debe ser propio del donante, y como tal, se conservará como propio del donatario. Por último, encontramos las donaciones que se pueden hacer entre los futuros cónyuges, ya sea dentro del documento de capitulaciones o fuera de él; en estos términos, el bien seguirá siendo propio del donatario.

Para entender mejor estas situaciones, a continuación, presento algunos ejemplos protagonizados por Alejandra y Marco:

---

23 Art. 161 del Código Civil venezolano.

1. En las capitulaciones prenupciales, Marco le dona a Alejandra una casa en la playa. Si se concreta el matrimonio, Alejandra conservará la casa como propia.
2. Si no hay capitulaciones, y el padre de Alejandra le dona un apartamento a ella antes de la boda, este bien será de la comunidad de gananciales.
3. En el mismo ejemplo, pero si la suegra de Alejandra dona el apartamento a ambos, entonces el bien también será de la comunidad de gananciales.
4. Si la suegra dona el apartamento indicando que Marco recibirá el 60% del derecho de propiedad y Alejandra el 40%, entonces cada uno conservará su parte como un bien propio, incluso en el régimen de gananciales.
5. Si el padre de Alejandra le dona un apartamento antes de la boda, pero especifica que el bien es exclusivamente para ella, ese apartamento será propio de Alejandra.
6. Si después de casarse, la madre de Marco le dona a él un apartamento, ese bien será propio de Marco.
7. Si, estando ya casados, Alejandra le dona a Marco un inmueble que era de su exclusiva propiedad, él lo conservará también como un bien propio.

Estos ejemplos muestran que el factor determinante en las donaciones es el donante y el momento en que se realiza la donación: antes o durante el matrimonio o el concubinato. Si la donación es hecha por un tercero antes del matrimonio, generalmente se entiende que es a favor de la comunidad de gananciales, a menos que se indique lo contrario. Si la donación se realiza después del matrimonio, es una donación común, que también aplica para las relaciones concubinarias.

Cuando el donante es el propio futuro cónyuge, la donación será válida siempre que el matrimonio se celebre. Sin embargo, como en cualquier donación, también tendrá implicaciones fiscales[24]. En cualquier caso, será un bien privativo, no un bien de la comunidad, ya que sería absurdo pensar que una persona podría donarse bienes a sí misma. Las donaciones entre futuros cónyuges también pueden incluirse en el contrato de capitulaciones prenupciales. Si finalmente no se celebra el matrimonio, el donante conservará el bien como si nada hubiera ocurrido.

24 Ley de Impuesto sobre Sucesiones, Donaciones y demás Ramos Conexos: Artículo 1. "Las transmisiones gratuitas de derechos por causa de muerte o por actos entre vivos serán gravadas con el impuesto a que se refiere la presente ley en los términos y condiciones que en ella se establecen".

Con una opinión más nítida, el Dr. Francisco López Herrera señala que las donaciones ordinarias entre cónyuges no se rigen por las reglas especiales de las donaciones hechas con ocasión de las nupcias.[25]

¿Por qué uno de los novios donaría bienes al otro antes de casarse? Generalmente, para que esa travesía de la vida en común comience con una base económica sólida, no solo con ilusión, sino con algo concreto y tangible en las manos.

Ya se apuntó que existe la posibilidad de que se realice una donación, por ejemplo, de un inmueble, a los futuros esposos condicionada al matrimonio, sin especificar proporciones en la propiedad; siendo así, sería un bien de la comunidad. Ahora, si la pareja celebra capitulaciones con un régimen completamente divisorio, se entenderá que el derecho de propiedad será en partes iguales, pero individualizado. Esto significa que no será una propiedad compartida en su totalidad, sino que cada cónyuge tendrá un derecho de propiedad claramente titulado, con la certeza de qué activo tiene al comenzar el matrimonio y con cuál puede salir de él.

¿Qué consecuencias podría tener esto? Pues que cualquiera de los cónyuges podría vender su porcentaje de propiedad sin necesitar la autorización del otro. Esto contrasta con el régimen de comunidad de gananciales, donde ambos son copropietarios del todo, y ninguno puede vender sin el consentimiento del otro.

Asimismo, los acreedores de cualquiera de los dos podrían actuar sobre el porcentaje correspondiente al cónyuge o concubino que contrajo la obligación, dado que, al existir individualización patrimonial, las deudas también se enfrentan de forma individual. Este enfoque establece claramente cómo se distribuyen los derechos y obligaciones cuando se opta por la separación patrimonial dentro de un matrimonio o concubinato.

Hemos visto que el asunto patrimonial en comunidad de gananciales tiene muchas entradas y salidas que hacen del patrimonio en pareja un verdadero laberinto. Pero, a veces los problemas no vienen por la forma patrimonial que se haya adoptado, sino por nuestras falsas expectativas patrimoniales. Sucede incluso frente a la propuesta de las capitulaciones, cuando la otra parte, aun resistiendo a la idea, a regañadientes da su consentimiento. De todos modos, retrotrae su expectativa, mirando con recelo los bienes adquiridos antes del matrimonio o del concubinato, creyendo que estos quedarían al margen de las capitulaciones, y así poder involucrarse con ellos de alguna forma a lo largo del tiempo —craso error—

---

25 LÓPEZ HERRERA, Francisco: Derecho de Familia, Tomo II. Universidad Católica Andrés Bello, Caracas-Venezuela, 2007, pág. 51.

Ni siquiera en el caso de que existan bienes sobre los cuales pesen pasivos, que produzcan rentas o que vayan a ser mejorados durante cualquiera de estas relaciones, sería posible tal confusión patrimonial en un régimen de capitulaciones. Esos bienes siguen siendo propios del cónyuge o concubino acaudalado, salvo que se disponga lo contrario en la propia convención capitular.

Algo similar ocurre con el sistema de gananciales, donde, aunque con más enredos, lo que cualquiera de los dos adquiera antes del matrimonio o del concubinato le pertenece como bien propio, incluyendo su plusvalía natural u originaria (revalorización en el mercado inmobiliario). Sin embargo, en este régimen, las rentas que generen esos bienes ingresarían indefectiblemente a la comunidad, al igual que el incremento del valor derivado de mejoras realizadas durante la unión.

A propósito de la revalorización de los bienes privativos o propios (como quiera llamárseles), es imprescindible realizar una demarcación de conceptos. No es lo mismo la revalorización por mejoras que la plusvalía. Cada uno de estos términos tiene sus particularidades.

Empezaremos con el asunto de las mejoras, un tema sorprendentemente extenso debido a sus múltiples escenarios, no obstante, lo abordaremos con ejemplos sencillos para su mejor comprensión.

La normativa establece que pertenece a la comunidad de gananciales el aumento de valor en los bienes propios de los cónyuges si dichas mejoras se realizan con dinero generado por cualquiera de ellos[26], es decir, un aporte de la comunidad.

Este es uno de los asuntos más polémicos en el ámbito de los bienes cuando el régimen patrimonial es el de gananciales. Ya sabemos que son bienes propios de cada cónyuge o concubino los adquiridos antes del matrimonio o de la formalización del concubinato. Sin embargo, es muy común que ese mismo bien, tratándose de un inmueble, sea remodelado o acondicionado con dinero propio o de la comunidad. Aquí surge la complejidad de probar cuál ha sido la incidencia de ese aporte en el derecho de propiedad. Las interrogantes clásicas siempre aparecen: ¿cómo establecer si las mejoras se realizaron con dinero propio, de un tercero o de la comunidad? ¿Cómo determinar la incidencia de las obras que se terminaron dentro del matrimonio o del concubinato?

Lo recomendable sería realizar, antes de las nupcias o de la unión concubinaria, una inspección detallada del bien inmueble, aunque parezca exagerado y poco

26 Art. 163 Código Civil venezolano: "El aumento de valor por mejoras hechas en los bienes propios de los cónyuges, con dinero de la comunidad, o por industria de los cónyuges, pertenece a la comunidad".

usual. Sin embargo, surgen las mismas quejas: ¿Para qué? ¿Qué feo se ve? ¿Cuál es el problema? ¿Qué desconfianza genera? Aunque, a la hora de un conflicto entre parejas, en retrospectiva, estas diligencias evitarían muchos disgustos.

Dato importante: no es necesario que el cónyuge o concubino no propietario se entere de estas diligencias, ya que se están gestionando bienes propios.

"Cada cual echa sus cuentas, unas veces va errado y otras acierta".

—Refrán español

En el afán de proteger los bienes propios frente a las mejoras, es común guardar celosamente una pila de facturas como si tuvieran gran peso probatorio. Imagínense que, para que esas facturas sirvan de algo, cada uno de esos documentos deberá ser ratificado en un juicio por el representante del negocio donde se compraron los materiales, muebles, ladrillos, o incluso el último tornillo. Quien logre tal hazaña merecería un lugar en el libro de los Récords Guinness.

Es crucial recordar que siempre existe el riesgo de confusión patrimonial. Este riesgo lo asume el propietario del bien, ya que siempre habrá una presunción de que, en gananciales, las mejoras se realizaron con dinero de la comunidad. Corresponderá al propietario demostrar que las mejoras se hicieron con dinero propio. Y cuando hablamos de "demostrar", lo hacemos en términos eventuales, es decir, si se presenta el divorcio o la ruptura de la relación concubinaria. Durante la relación, esas cuentas no son más que cuestiones morales que se resuelven en casa.

Por otro lado, ¿qué riesgos enfrenta el cónyuge no propietario si las mejoras se realizaron con dinero de la comunidad? Sencillo: que el otro cónyuge venda el bien sin reportar a la comunidad ese aumento de valor gracias a las mejoras. En ese caso, quedan dos opciones: uno, resolver la situación en casa para obtener ese dinero, ya que el matrimonio aún persiste; y dos, en caso de divorcio o ruptura, reclamar ese crédito a favor de la comunidad, con la posibilidad de liquidar el inmueble para lograr una partición justa y real.

¿Significa esto que, al aportar dinero para mejorar un bien privativo, cambia el derecho de propiedad? La respuesta es no. La titularidad del bien no cambiará, ya que la fecha de adquisición sigue siendo la determinante. Sin embargo, en caso de un ajuste de cuentas tras la disolución de la relación, se valorará ese crédito a favor de la comunidad. Esta incidencia del nuevo valor, gracias a las mejoras, debe diferenciarse de la inflación, que está relacionada únicamente con la plusvalía.

¿De qué porcentaje estamos hablando?: del 50% del incremento en el valor del bien, ya que en gananciales la partición es siempre «fifty-fifty", sin excepciones.

"Hablando claro y raspao", el hecho de que la comunidad aporte dinero para las mejoras de un inmueble que es propiedad exclusiva de uno de los cónyuges o concubinos no convierte al otro en copropietario. Solo en el caso de que se extinga el vínculo matrimonial o concubinario, esa revalorización será objeto de partición.

¿Y cómo hacemos entonces para mejorar un inmueble particular con dinero propio sin que se confunda con el patrimonio conyugal o concubinario? Nunca falta el problema cuando las mejoras se hicieron con dinero propio, y aunque no es imposible de probar, puede ser bastante incómodo. Entre las fórmulas que podrían brindar algo de certeza, dependiendo de la magnitud de la remodelación, está la obtención de un crédito bancario específicamente para ese fin, siempre que se pague con dinero propio (generado antes de la unión). Este mecanismo es útil siempre y cuando el crédito refleje ese propósito, y se asocie a una cuenta privada para el pago de la deuda.

Otra opción sería utilizar los estados de una cuenta bancaria donde se guarde dinero propio para demostrar la coincidencia entre los retiros y los gastos. Aunque esto no asegura completamente que ese dinero se destinó a las obras, es mejor que nada. En la práctica, también podríamos firmar contratos con arquitectos, constructores, etc., que dejen constancia de que la inversión se hace con dinero propio, y que el otro cónyuge refrende esta manifestación. Otra alternativa, aunque incómoda, sería tramitar un título supletorio para dejar constancia de las bienhechurías y del dinero con que fueron pagadas, siempre con el consentimiento de la pareja. Nuestros hermanos colombianos dirían: ¡cómo así!, si es lo mismo que estar en capitulaciones.

Cuando un tercero, como un padre, madre, familiar o amigo, invierte en la remodelación, la mejor vía sería una donación informal, un regalo de la inversión. Para evitar dudas, lo ideal sería que el donante gerencie o pague directamente la obra, dejando constancia de ello.

Estos episodios incómodos son inevitables en el régimen de gananciales, donde se presume la comunidad. Basta pensar en el día a día: compramos algo y recibimos una factura; pagamos una reparación y obtenemos un recibo. Acumulamos documentos que luego no pueden individualizar el origen del dinero usado, quedando a merced del otro. Ni siquiera una demarcación constante dejaría tal evidencia (!).

Comúnmente, no se toma la iniciativa de dejar constancia de que las mejoras fueron hechas con dinero que no pertenece a la comunidad, debido a la percepción de que es una exageración. Sin embargo, en el momento de la disputa sobre las mejoras de un bien que es solo tuyo, ese pensamiento cambia.

Cuando posees bienes propios bajo un régimen de gananciales, estas medidas, que parecen extremas, son simplemente cautela. El divorcio o la ruptura concubinaria no es un mito ni algo de lo que somos inmunes. Tampoco lo es la muerte, que inevitablemente trae consigo la participación de herederos que reclamarán estas cosas que nadie quiso aclarar en su momento; como si ponerlas en blanco y negro disminuyera el amor.

La realidad es que la falta de certeza genera desconfianza, y la sensación de posibles "trampas" puede ser inquietante. Lo importante es que, al final, todo quede lo más claro, equitativo y proporcional posible. Todo esto es para quienes, por alguna razón, no optaron por el camino más seguro de las capitulaciones. Porque en caso de que el bien haya aumentado de valor por restauraciones, seguirá siendo íntegramente del propietario que figure en el título respectivo.

De nuevo toma la palabra la ley para recordarnos que son bienes propios de los cónyuges [y concubinos] aquellos que pertenecen al marido o a la mujer antes de contraer matrimonio y los que, durante este, adquieran por donación o herencia, así como la plusvalía de dichos bienes[27]. Aquí nos detenemos para profundizar sobre un punto que quizá sea el más especulado: la plusvalía de los bienes propios.

Nunca falta, por ejemplo, que uno de los novios, cónyuges o concubinos afirme con seguridad que "si bien es cierto que el bien adquirido antes del matrimonio le corresponde exclusivamente en propiedad al que aparece en el título, no lo es menos que el aumento de su valor en un período determinado pasa a formar parte de la comunidad de gananciales". ¡Vaya error! Para quien aún lo piense, es necesario aclarar que tal apreciación no concuerda con el sentido de la ganancia labrada, ya que la plusvalía es simplemente el aumento de valor en el tiempo, y por tanto sigue formando parte del patrimonio individual.

Cuando se habla de plusvalía, se hace referencia al aumento del valor que resulta de factores propios de la economía, como la inflación en el sector inmobiliario, la oferta y la demanda de inmuebles, etc. Bajo ningún punto de vista, esto representa una ganancia para el matrimonio o el concubinato. Se insiste en la diferencia para disipar la confusión entre los términos "plusvalía" y "revalorización

---

27 Art. 151 Código Civil venezolano: "Son bienes propios de los cónyuges los que pertenecen al marido y a la mujer al tiempo de contraer matrimonio, y los que durante este adquieran por donación, herencia, legado o por cualquier otro título lucrativo. Son también propios los bienes derivados de las acciones naturales y la plusvalía de dichos bienes, los tesoros y bienes muebles abandonados que hallare alguno de los cónyuges, así como los vestidos, joyas y otros enseres u objetos de uso personal o exclusivo de la mujer o el marido".

por mejoras", y así negar cualquier intención de aplicar la misma consecuencia a ambos conceptos.

Es común confundir "plusvalía" con "revalorización por mejoras". Por ejemplo, el aumento en el valor de mercado de acciones en compañías depende de la causa: si es por la propia actividad comercial de la empresa, no beneficia a la comunidad de gananciales. Si el crecimiento se debe a inyecciones de dinero de la comunidad o al aporte personal del cónyuge o concubino que no es accionista, la comunidad sí participa en el aumento del valor de las acciones. Debemos diferenciar entre aportes y préstamos pagados por la compañía, ya que los préstamos no generan crédito para la comunidad en el valor de la empresa.

"Si la confusión es el primer paso al conocimiento, debo ser un genio."
—Larry Leissner

Distinto es cuando cualquiera de los dos permite que se contamine un bien que era absolutamente propio. Ocurre, por ejemplo, cuando un bien mueble o inmueble (puede ser un carro o una casa) se adquiere con dinero que se tenía antes de las nupcias o del inicio del concubinato. El problema es que, aun siendo propio, si nada se dice, en apariencia está ingresando a la comunidad. La clave para evitar esto está en la declaración del consorte o pareja no comprador, convalidando esa circunstancia, es decir, dejando constancia en la escritura de que el dinero invertido le pertenecía al comprador desde antes de contraer matrimonio o de formalizar el concubinato.

Aun así, es importante advertir que en la comunidad hasta esto a veces se presta para el fraude. Parejas que se ruborizan ante la idea de las capitulaciones y, luego de un tiempo casados o unidos en concubinato, y cansados de compartir todo, recurren a esta fórmula, pero para marginar al otro. ¿En qué consiste el fraude?, sencillo: uno de los dos se aprovecha del desvalido para que declare que la adquisición se hizo con dinero propio, cuando en realidad se trata de una inversión de la comunidad. Así, uno de los miembros comienza a acumular bienes como propios, tal como si estuviera bajo el amparo de las capitulaciones.

Está claro que, en caso de fraude, quedan a salvo las acciones legales de los perjudicados para hacer que un juez declare a quién corresponde realmente la propiedad adquirida. Pero ¿cuándo sucedería esto?: llegado el desventurado momento del divorcio o de la ruptura del concubinato, es decir, cuando se deba proceder a la partición. En ese forcejeo, le corresponderá probar a quien alegue la exclusividad sobre el bien que el dinero utilizado se poseía antes de la celebración del matrimonio o del concubinato. Existen múltiples fórmulas financieras que pueden dejar constancia de ello, como una cuenta con saldo suficiente inmovilizada desde antes de la boda o de la unión concubinaria hasta el momento de la adquisición, ya que la trazabilidad (origen y destino) puede corroborar dicho evento. Además, pueden practicarse experticias financieras que abarquen el tiempo necesario para recabar la información bancaria requerida. El problema es que los bancos y otras instituciones financieras están obligadas a guardar esta información solo durante los últimos diez años, ¡válgame Dios!, si todo esto tan "noble" surge de la comunidad de gananciales (!).

"La rebeldía puede ser un don maravilloso".

—Lucas Leys

Sin embargo, como todo en la vida es relativo, puede suceder que, aun siendo verdad que el dinero es propio, ella o él se nieguen, por pura rebeldía, a manifestar su conformidad con el origen de los fondos. En este supuesto, ¿qué hacer? ¡Imaginen tener que demandar a tu propio cónyuge o concubino para probar ese hecho! No faltará quien diga que no es válido porque estarías solicitando una partición anticipada, pero no se preocupen, ya que la petición se limitaría a declarar la certeza de ese hecho: que el bien se adquirió con dinero propio. Podrías no comprar nada o hacerlo sin la constancia requerida y esperar a ver si el matrimonio o concubinato sigue funcionando; de cualquier modo, la verdad del caso saldría a la luz si el vínculo se extinguiera. ¡Mientras tanto, el bien se presumirá de la comunidad!, y no podrías disponer de él sin la autorización del otro.

"Como todos los soñadores, confundí el desencanto con la verdad".

—Jean Paul Sartre

Las capitulaciones no escapan de la visión criolla: no falta quien opine que es una torpeza y una injusticia si alguien compró un inmueble en soltería y lo terminó pagando durante el matrimonio o el concubinato. «¡Se fregó, lo tiene comprometido!», dirían. Pero la verdad es que los créditos hipotecarios obtenidos antes de contraer matrimonio o de formalizar el concubinato, cuyas cuotas se paguen durante estas relaciones, no afectan la propiedad. Poco importa quién haya hecho el desembolso; el bien permanecerá, in *saecula saeculorum*, en el patrimonio de quien haya concretado la negociación y aparezca como propietario en el documento correspondiente.

Ahora bien, independientemente de que se tengan o no capitulaciones, un crédito hipotecario es una deuda, y no por ayudar a pagarlo te harás con una parte del inmueble. El bien sigue perteneciendo a quien figure como propietario[28]. En tal caso, lo que puede surgir es un crédito a favor de la comunidad contra el cónyuge o concubino propietario. ¿Cuándo se pagaría? Lo más justo sería sentarse a aclarar cuentas para que la inversión se refleje como un activo de la comunidad o, al vender el inmueble, ajustar las participaciones. Sin embargo, esta situación suele quedar latente y aparece con fuerza al momento de un divorcio, la ruptura del concubinato, la muerte de uno de los miembros de la pareja, o incluso frente a un altercado grave, cuando seguramente las cosas se pondrán en blanco y negro, bien sea de forma amistosa o en un tribunal.

Si bien todo esto puede evitarse con las temidas capitulaciones, muchos prefieren transitar la calle oscura o guardar una carta bajo la manga, antes que encarar diáfanamente algo tan sencillo.

Ese mismo malentendido también es muy común en la comunidad de gananciales respecto a los gravámenes sobrevenidos, es decir, aquellos que se constituyen dentro del matrimonio o la relación concubinaria. Esta situación puede tener distintos matices, dependiendo del origen del dinero con el que se pague la deuda. Veamos el asunto más de cerca con un par de ejemplos en una pareja bajo el régimen de gananciales:

Carlos, quien había comprado y pagado completamente un apartamento antes de casarse con Karla, decide hipotecarlo para obtener el dinero necesario para comprar un carro que ambos puedan usar. Durante el plazo de pago del préstamo, este se liquida con dinero de la comunidad. En este caso, se podría argumentar que respecto al bien todo permanece igual, ya que no hubo ganancia para la comunidad en torno al apartamento. El dinero obtenido del préstamo hipotecario fue invertido en beneficio de la comunidad, y Carlos solo actuó como garante. De este modo, la situación se mantendría como estaba antes de la hipoteca: surgió una deuda para la comunidad y esta la pagó. No obstante, no faltará quien intente reclamar derechos sobre el bien, alegando que fue "rescatado" por la comunidad, aunque sin éxito.

Ahora, imaginemos que Carlos y Karla adquieren un inmueble bajo la comunidad de gananciales, y luego requieren liquidez para fundar un negocio. Para obtener el dinero, hipotecan ese activo, pero el monto es pagado exclusivamente por Carlos, utilizando dinero que había ahorrado estando soltero. Aquí surge la

28 Sent. de C. Civil del TSJ, 1/3/2004. Pncia mgdo. ARRIECHE G., Franklin, exp. N° 2002-000273.

pregunta: ¿es Carlos acreedor de la comunidad por haber desembolsado dinero propio? Sin duda lo es. En justicia, Carlos debe ser recompensado por el fondo común; de lo contrario, se produciría un enriquecimiento injustificado de la comunidad. Sin embargo, ese derecho de crédito solo se puede exigir en caso de divorcio, ruptura del concubinato o muerte de Karla, en definitiva, en caso de una partición.

Alguien podría argumentar que Carlos se encontraría en una situación en la que sería tanto deudor como acreedor, lo cual podría activar la figura jurídica de la "confusión"[29] (no literal), que es la herramienta legal que extinguiría la obligación en tales circunstancias. Sin embargo, no se puede afirmar que los esposos o concubinos sean deudores entre sí, pues ambos se encuentran en una situación de indivisión creada por la comunidad de bienes. Es la comunidad, como un ente abstracto, la deudora de Carlos; la deuda permanece latente y solo puede ser reclamada por sus herederos en caso de su muerte o, como se mencionó, en caso de divorcio o ruptura del concubinato durante la partición.

Esto significa que ese dinero no volverá a verse, a menos que Carlos encuentre la manera de que reingrese bajo su control exclusivo. Y así, volvemos a comportarnos como si estuviéramos bajo un régimen de capitulaciones, lo que nos lleva a preguntarnos: ¿por qué se les critica tanto? Por lo pronto, Carlos sale perjudicado por haber acudido en auxilio de un fondo común en apuros.

Otro punto complicado es la documentación del aporte exclusivo de Carlos. La liberación de una hipoteca es un acto unilateral en el que no es común que intervenga el deudor, y mucho menos su cónyuge o concubino. El acreedor hipotecario simplemente declara haber recibido el dinero y libera la garantía, y eso es todo; al menos, eso es lo usual.

Curiosamente, algunos de los mayores críticos del sistema capitular disfrutan de sus ventajas sin siquiera tenerlo formalizado, y callan cuando se trata del aporte individual de uno para el beneficio de un fondo común, que a menudo favorece más a unos que a otros.

Sobre este perjuicio al capital individual de uno de los miembros de la pareja, es necesario hacer una pausa para reflexionar sobre la falta de comunicación. Definitivamente, no es bueno cohibirse de hacer comentarios patrimoniales a tiempo; aunque a veces hablar con claridad sobre el tema puede causar malestar, no esperemos hasta que surja un problema, porque entonces se aborda sin

29 Art. 1.342 del Código Civil venezolano: "Cuando las cualidades de acreedor y de deudor se reúnen en la misma persona, la obligación se extingue por confusión".

reservas y exasperadamente. Al final, se trata de una apuesta en la que ponemos todo en juego, y no es que esté mal, el problema es hacerlo sin estar preparados.

Ahora bien, ¿puede documentarse de alguna manera esos aportes económicos hechos con dinero propio por cualquiera de los dos en auxilio de la comunidad? La respuesta depende de la naturaleza de la negociación. Siempre que un negocio o acto jurídico se realice mediante contrato, se puede recurrir al mecanismo de convalidación de la procedencia por parte del cónyuge que no ha puesto el dinero. Este puede declarar que su cónyuge está realizando un aporte con dinero de su propio peculio, quedando así documentado como un crédito frente a la comunidad de gananciales; una clara delimitación de lo que es y sigue siendo privativo o propio.

"Un lugar para cada cosa y cada cosa en su lugar".

—Refrán popular

Al profundizar en los bienes individuales de cada cónyuge o concubino, incluso en una comunidad de gananciales, debemos hacer referencia a ciertos supuestos que generan certeza frente a los bienes mancomunados. En buena ley, un bien propio puede ser canjeado por otro sin que esto cause confusión patrimonial; el bien entrante también será privativo. Así llegamos al concepto de permuta que, según la Real Academia Española, se define como: "Cambiar algo por otra cosa, sin que en el cambio entre dinero a no ser el necesario para igualar el valor de las cosas cambiadas y transfiriéndose los contratantes recíprocamente el dominio de ellas". En nuestro Código Civil se maneja un concepto similar, indicando que "La permuta es un contrato por el cual cada una de las partes se obliga a dar una cosa para obtener otra a cambio"[30].

Como se puede observar, una característica esencial de la permuta es la ausencia de precio, pues se procura que exista una equivalencia de valor entre los bienes permutados. Este principio puede cumplirse aun cuando la equivalencia no sea perfecta, ya que se puede compensar con dinero, lo que se conoce como "permuta con saldo" o "permuta con compensación dineraria". Esto puede suceder cuando una de las partes canjea un bien propio de menor valor y la diferencia es saldada con dinero de la comunidad. Este escenario podría crear una brecha que, inadvertidamente, aumentaría el patrimonio privado del promotor de la permuta.

¿Se puede corregir esta irregularidad?: desde luego, pues el propietario original adquiere una deuda con la comunidad, que solo es reclamable en caso de

30 Art. 1.558 del Código Civil venezolano.

ruptura a través de una partición. En cualquier caso, esto no afecta el carácter privativo del bien adquirido; es decir, si el dinero para completar la permuta salió de la caja común, esto no significa que la comunidad haya hecho una inversión inmobiliaria, porque el bien que entra sustituye al que ya existía, conservando su carácter privativo, lo que hace posible que el dueño exclusivo pueda vender el bien en cualquier momento sin la autorización del otro. Fíjense que sigue quedando latente una deuda entre la pareja, lo que convierte el matrimonio o el concubinato en una especie de "guerra fría", algo que no sucede cuando hay capitulaciones. No hay nada que inventar en ese caso, pues todo está suficientemente claro.

Sin embargo, es importante advertir sobre el manejo inadecuado o abusivo de la permuta, lo cual requiere mucho cuidado, especialmente con quienes tienen un alto nivel de creatividad para mejorar su patrimonio privado a costa del caudal común. Algunos utilizan la permuta para disfrazar otras operaciones, aprovechándose de esa compensación de valor. Esto ocurre cuando un cónyuge adquiere, por ejemplo, un inmueble de mayor cuantía en comparación con el suyo, y hace que la comunidad pague un exagerado saldo complementario, lo que desvirtúa la permuta. Este abuso encuentra su correctivo en figuras como la simulación, ya que no estaríamos hablando de una permuta, sino de una venta encubierta. Sin embargo, si seguimos de simulación en simulación, ¡hasta el alma podría terminar siendo simulada! Este es uno de los riesgos inherentes a la comunidad de gananciales.

Dentro de la gama de bienes propios también se encuentran aquellos que ingresan a la comunidad producto de una "venta con pacto de retracto". Esta venta tiene la particularidad de que permite al vendedor (cónyuge o concubino) recuperar lo vendido reintegrando el precio y los gastos. Ahora bien, ¿qué pasaría si la venta con ese pacto de retracto se efectúa en soltería y el rescate se efectúa estando ya casado o en concubinato?, y ¿qué sucedería si ese rescate es efectuado con fondos de la comunidad de gananciales? Estas operaciones suelen tener un efecto búmeran, ya que los bienes pueden volver al punto de partida, pero dentro del matrimonial o concubinario, sin perder su carácter particular.

No obstante existe el riesgo de "confusión patrimonial" si el propietario del bien no demuestra que el valor del rescate proviene de dinero propio o, lo que es igual, si el precio del rescate era de la comunidad, el bien adquirido corresponde a los dos. Por esa razón, aun si el cónyuge o concubino afirma haber usado dinero propio para el rescate, necesitará autorización del otro para vender el bien, ya que no constará ante el registro público que dicho dinero sea realmente particular. Esto no sería necesario en caso de existir capitulaciones matrimoniales.

Damos por descontado que muchos habrán oído hablar de la figura de la "dación en pago". De nuestro interés es aquella realizada con bienes muebles o inmuebles a uno de los cónyuges o concubinos por obligaciones derivadas de negocios anteriores al matrimonio o concubinato. No olvidemos que la comunidad de gananciales implica, relativamente, una fuente de negocios donde ambos participan, obteniendo beneficios como equipo. Sin embargo, no se pueden involucrar circunstancias totalmente ajenas al otro. Un ejemplo claro de dación en pago sería:

Ángel, estando soltero, presta una cantidad de dinero a Boris, pagadera a cierto plazo. Ángel contrae matrimonio sin que Boris haya pagado la deuda. Para solventar su compromiso, Boris entrega en pago a Ángel un vehículo, inmueble o acciones en una compañía. En este caso, el bien entregado no constituye un bien común, ya que el motivo de su existencia es anterior al matrimonio o concubinato. Sin embargo, es recomendable que el cónyuge o concubino no propietario confirme formalmente el motivo y la fecha de la deuda. Esto evitará que, en un futuro litigio, se cuestione la legitimidad de la obligación.

Como los anteriores, son muchísimos los ejemplos de enredos patrimoniales que se presentan en el régimen de gananciales. Las compañías anónimas representan otro clásico ejemplo de confusión patrimonial. Supongamos que, antes del matrimonio o concubinato, uno de los cónyuges o concubinos adquirió acciones en una empresa y sus dividendos fueron decretados antes de la unión. Aunque estos dividendos sean liquidados durante la relación, siguen siendo un bien particular. Sin embargo, si esos dividendos ingresan a una cuenta del titular de las acciones, surge la presunción de que el dinero es ganancial. Para evitar confusión, es fundamental documentar claramente la trazabilidad financiera de esos fondos, asegurándose de que su origen sea particular. Además, cualquier inversión derivada de ese dinero debe estar respaldada por una declaración del otro cónyuge o concubino que confirme la naturaleza privada de los fondos. ¡Por amor a Dios!, no será mejor contar con las capitulaciones.

Respecto a los dividendos generados por esas acciones durante el matrimonio o concubinato, estos constituyen ganancia para la comunidad, como ocurre con la renta de cualquier inmueble, sea grande o pequeño. En estos casos, el valor de las acciones se mantiene como propio, pero los dividendos devengados deben compartirse entre los miembros de la comunidad.

Mientras tanto, persiste la ambigüedad entre el régimen de gananciales y las capitulaciones. Ambas figuras parecen entremezclarse en las prácticas de algunos individuos que, aunque reniegan de las capitulaciones, tienden a ocultar bienes cada vez que pueden. En resumen, los bienes adquiridos durante el matrimonio o concubinato, cuando la causa o el motivo de su adquisición precede a la unión, siguen siendo propios, siempre y cuando se deje constancia clara de ello. Esto es tan válido como lo son los recuerdos o experiencias previas a la relación, aunque algunos puedan molestarse por su existencia.

Este tipo de situaciones demuestra que, aunque los bienes puedan ser muy propios, es crucial marcar claramente el territorio para evitar confusiones patrimoniales. Lo innegable es, que ante un divorcio, ruptura de la relación concubinaria o fallecimiento, la confusión patrimonial es prácticamente inevitable. Todo por no abordar el tema de las capitulaciones con la transparencia necesaria.

Por otro lado, no debemos confundir bienes tangibles que sean propios, como un carro o una casa, con expectativas económicas de carácter sucesivo, como las rentas o intereses devengados durante el matrimonio o el concubinato, procedentes de los bienes peculiares de cada uno[31]. Hay que marcar la diferencia entre un bien propio por preceder de cualquier manera al matrimonio o al concubinato, con los beneficios, dividendos, rentas, ganancias, etc., que puedan producir esos mismos bienes. Esos conceptos formarán parte de la comunidad en la medida en que se vayan causando; es como si contáramos con una unidad productiva: esta sería propia o particular, y su producción sería propiedad de la comunidad.

"Siempre juntos, en la salud y en la enfermedad, en la riqueza y en la pobreza"(!)

En este contexto de los bienes propios, merece especial atención el tema de la indemnización por accidentes o seguros de vida, de daños personales o enfermedades. Cuando se es beneficiario de una póliza de vida, por ejemplo, la indemnización no califica como ganancia; lo mismo aplica en caso de un accidente de trabajo, pues la cobertura obtenida tampoco puede considerarse un bien común, ya sea en dinero o en especie. En situaciones como esta, la indemnización se conserva a título personal (*intuito personae*), ya que el hecho generador de la misma es una contingencia estrictamente personal: la pérdida de unas facultades que, por su naturaleza, no pertenecen a la sociedad matrimonial o concubinaria.

Lo mismo ocurre con los daños personales causados por negligencia, imprudencia o intencionalidad de terceros, como en casos de mala praxis, responsabilidad de farmacéuticas por efectos secundarios de productos, o plagios de marcas

31 Art. 156.3 Código Civil venezolano: "Son bienes de la comunidad: (...). Los frutos, rentas o intereses devengados durante el matrimonio, procedentes de los bienes comunes o de los peculiares de cada uno de los cónyuges".

o invenciones. En todos estos casos, la reparación no puede entenderse como un activo de la comunidad, ya que la indemnización no representa una ganancia, sino una compensación por perjuicio.

La misma lógica aplica para la indemnización por daño moral. Aunque en principio podría parecer un bien común —ya que cuando se mancilla el honor o reputación de uno de los cónyuges o concubinos se afecta a toda la familia—, la indemnización resultante sigue siendo individual. Esto se debe a que el daño moral afecta principalmente a la persona agraviada, y por tanto, el resarcimiento corresponde solo a ella.

Evidentemente, en los resarcimientos no funciona la tesis de "juntos en la derrota y en la victoria", porque ese tipo de ingresos, sin importar su cuantía, serán siempre particulares.

Pese a lo anterior, la fórmula reparadora también puede generar confusión patrimonial. Si, por ejemplo, la indemnización por daño moral se gasta en la comunidad, se creará un crédito del cónyuge o concubino beneficiario contra la comunidad. El problema es cómo demostrar la existencia de dicho crédito, ya que es fácil que, en el contexto de un divorcio o partición concubinaria, el otro cónyuge o concubino no reconozca el origen de ese gasto. El capital propio puede fugarse, y será complicado probar su origen y uso durante la disputa por la partición.

Resulta obvio que dentro del régimen ordinario es necesario estar constantemente estableciendo límites claros, ya que el exceso de confianza puede derivar en abuso. Si no somos cautelosos y dejamos claros los bienes que son o pueden hacerse propios, nos enfrentaremos a una inevitable confusión patrimonial, que será lamentable. Por eso resulta saludable la opción capitular.

> *"Me quedé sin el chivo y sin el mecate".*
>
> —*Refrán popular*

Es importante tener precaución para que lo propio o privativo no adquiera la condición de bien común. Este riesgo puede surgir cuando, de manera individual, se adquieren bienes con dinero proveniente de la venta de otros que también eran propios. De nuevo, surge la preocupación de cómo gestionar el dinero propio y evitar que se mezcle con el de la comunidad de gananciales. La mejor alternativa es dejar constancia escrita de la procedencia de los fondos en el documento de la nueva adquisición, debidamente avalada por el cónyuge o concubino no propietario.

Queda claro entonces que esa mención aclarativa que hace el cónyuge o concubino que no aporta a la adquisición se convierte en una especie de salvoconducto, permitiendo que un bien transite por el matrimonio o el concubinato de forma condicionada, especialmente para poder venderlo después sin requerir la autorización del otro. Sería a través de la protocolización o registro del documento de la nueva adquisición, si se trata de bienes inmuebles, donde el cónyuge o concubino no propietario declare que el dinero invertido no pertenece a la comunidad, sino que proviene de la venta de otro bien también privado.

Cuidado con no "Tropezar dos veces con la misma piedra": ¿qué pasa si el otro se niega a cumplir con esa formalidad? Aquí es donde el problema se complica, ya que el cónyuge o concubino afectado tendría que demandar a su pareja a través de una acción merodeclarativa[32] (un juicio que declara la certeza de un hecho). En medio de este proceso, sería necesario recurrir a pruebas del origen del dinero, lo cual no es sencillo, pero es factible mediante movimientos bancarios que revelen el origen y destino del capital.

Si el fallo es favorable, la sentencia suplirá la negativa del cónyuge o concubino, y podrá registrarse una nota marginal en el documento de propiedad. Todo esto para poder vender el bien en cualquier momento, firmando como único propietario[33]. Este escenario ilustra lo engorroso que puede ser enfrentarse a tales problemas sin capitulaciones, pues, de haberse celebrado, todo estaría claro desde el principio, evitando la necesidad de "mendigar" declaraciones formales para acreditar el origen privado del dinero invertido en la nueva adquisición.

La hipótesis planteada, que refiere a una demanda entre cónyuges o concubinos para reconocer que una adquisición inmobiliaria se realizó con dinero proveniente de la venta de un bien privado, puede tener su disidencia por la prohibición de partición de bienes antes del divorcio[34]. No obstante, siempre será necesario

---

32 Según la Enciclopedia Jurídica Opus, la acción mero-declarativa puede concebirse como: "aquellas acciones con cuyo ejercicio se pretende obtener del órgano jurisdiccional la simple constatación o fijación de una situación jurídica".

33 Puede accionarse declarativamente en el curso de la relación o, en todo caso, en la eventual partición, la cual puede no darse porque sencillamente la relación se mantenga, en tanto que lo primero presupone la necesidad actual de enajenar el bien inmueble de que se trate sin necesidad del consentimiento de la otra parte. (El autor).

34 Art. 173 Código Civil venezolano: (…) "Toda disolución y liquidación voluntaria es nula, salvo lo dispuesto en el artículo 190".
Art. 190 ibidem: "En todo caso de separación de cuerpos, cualquiera de los cónyuges podrá pedir la separación de bienes…".

establecer la naturaleza de ciertos bienes para poder enajenarlos sin la autorización del otro, evitando así más complicaciones y, potencialmente, un divorcio.

Estos y muchos otros escenarios determinan el carácter privado o individual de los bienes de cada cónyuge o concubino en el régimen de gananciales, un terreno propenso a la confusión patrimonial.

> *"Tires para abajo o tires para arriba, siempre se hará lo que tu mujer diga".*
>
> *—Refrán español*

Otra complicación, que puede evitarse mediante las capitulaciones, es la disposición gratuita de bienes propios sin la autorización del otro cónyuge o concubino. Es sorprendente que alguien que detente la propiedad de un bien como propio necesite la autorización de su pareja para disponer de él a título gratuito, pero no para hacerlo de forma lucrativa. Esta normativa, aunque absurda a primera vista, busca prevenir una descapitalización que podría afectar la estabilidad económica familiar en el futuro, asegurando que siempre haya recursos para afrontar los gastos del hogar.

Desde una perspectiva económica, esta norma evita que uno de los cónyuges o concubinos se deshaga gratuitamente de bienes que podrían ser necesarios para mantener el equilibrio patrimonial en la familia. En cambio, cuando la disposición es a título oneroso, el patrimonio sigue intacto, solo cambia de forma.

En caso de que la autorización no sea concedida, un juez debe intervenir. Si la liberalidad no compromete el soporte económico familiar, no habría razón para negarla. También debe considerarse la capacidad patrimonial de la comunidad, pues si la situación económica del hogar es precaria, no será bien visto que uno de los dos disponga gratuitamente de bienes, aunque sean propios.

"Grilletes, a fin de cuentas"; tener que depender del estado económico del otro para obtener autorización para regalar lo que pertenece al propio patrimonio, a veces incluso desde antes de que esa persona formara parte de nuestra vida, puede sentirse como una limitación injusta.

Estas mismas premisas aplican a la autorización que debe obtener el cónyuge o concubino que pretenda rechazar una herencia o legado. En nuestros días resulta difícil comprender este tipo de situaciones; parecería que, al menos en nuestra época y país, pocas personas se atreverían a renunciar a una herencia o legado, siendo lo más común aceptarlas sin rodeos, o a lo sumo, hacerlo a beneficio de inventario (proceso judicial para determinar las cargas de la masa hereditaria). Sin embargo, más allá de estas formalidades legales, se encuentra el libre albedrío, que en el régimen de gananciales no es tan libre, ya que, si por orgullo o cualquier otro motivo no quieres recibir una herencia, debes contar con el permiso tu cónyuge o concubino. Así es en la comunidad conyugal: necesitas autorización hasta para rechazar una herencia o un legado. Esta es una de las grandes diferencias con las capitulaciones matrimoniales, donde este tipo de complicaciones simplemente no tienen cabida.

"La creatividad es la inteligencia divirtiéndose".

—Albert Einstein

En la serie de bienes privados, encontramos el derecho de autor, entendido como algo profundamente personal, tanto o más que cualquier bien particular o privativo de los cónyuges o concubinos. La protección de los derechos de autor es fundamental para fomentar la creatividad individual, y esta protección llega al punto de resguardar esos derechos incluso del propio consorte o concubino. Es un derecho inalienable, tan propio como el pensamiento, el ADN, la salud, el humor, el ánimo y la emoción, y sería absurdo poner en duda su exclusividad dentro de cualquier comunidad, especialmente la conyugal o concubinaria. ¡Este no es el terreno para dividir! La creatividad proviene de la esfera individual, y tiene un valor incalculable, por esa razón de esos derechos intelectuales no hay nada que partir a la hora de un divorcio o ruptura del concubinato.

Sin embargo, no todo es malo para el otro cónyuge o concubino. Existe una salvedad en caso de fallecimiento del autor: la propiedad intelectual puede incluirse como un bien ganancial a efectos sucesorales. Esto significa que, antes de calcular la herencia, la comunidad de bienes debe liquidarse, incluyendo este bien intangible en el reparto. En otras palabras, lo que antes pertenecía exclusivamente al autor se divide en dos partes: el 50% va al cónyuge o concubino sobreviviente como si fuera un bien ganancial, y el otro 50% pasa a la masa hereditaria.

Por otro lado, aunque la obra sea producto del ingenio, su explotación no queda completamente fuera del alcance de la comunidad de gananciales. Puedes hacer lo que desees con tu creación, es decir, puedes decidir cómo explotarla, ceder los derechos de forma lucrativa o gratuita sin la autorización de nadie. No obstante, los beneficios económicos generados por esa explotación pertenecen a la comunidad de gananciales. Por ejemplo, la explotación de programas de computación, obras cinematográficas, libros, y otros trabajos literarios o artísticos produce ingresos que terminan formando parte de la comunidad conyugal, como si se tratara de rentas o dividendos.

Lo que no puede venderse, sin embargo, es el acto de creación en sí. Los derechos de orden intelectual son inalienables, inembargables e irrenunciables. En términos simples, no se puede transferir la autoría de una obra a través de una compraventa. La reproducción de la obra, su materialización en diferentes formatos es otro asunto. Por ejemplo, *El Señor de los Anillos*, la obra épica de J. R. R. Tolkien, sigue siendo de su autor, aunque se reproduzca y se exploten sus derechos en distintos medios. La obra original sigue siendo de Tolkien, aun cuando se haya adaptado al cine o la radio.

En conclusión, el derecho de autor es tan propio que ni siquiera puede ser cedido a través de capitulaciones matrimoniales. Los novios, cónyuges o concubinos no pueden transferirse entre sí los derechos patrimoniales sobre una obra creativa; el autor seguirá siendo el propietario exclusivo de su creación. Este es un tema que puede ser abordado con mayor profundidad por especialistas, pero lo importante aquí es que el derecho de autor no se enreda en las cuestiones patrimoniales.

Formalidades y nulidades de las capitulaciones

"Cualquiera resbala y cae"

—Laito Sureda & La Sonora Matancera

Dejando atrás lo referente a los bienes o ingresos que, por sus características especiales, siguen siendo propios o privativos, aun cuando se reciban dentro de la comunidad de gananciales, es fundamental conocer los elementos necesarios para garantizar la eficacia de las capitulaciones. Este tema ha sido tergiversado a lo largo del tiempo, especialmente en aquellos casos donde ha existido la intención de capitular, pero no se han cumplido con todas las formalidades legales. Por eso, aquí nos enfocaremos en los pasos a seguir para asegurar la validez de este contrato.

Lo primero que debemos tener claro es que las capitulaciones son un acuerdo entre dos personas, lo que implica la reciprocidad. Esto significa que deben ser declaradas conjuntamente, ya que son un pacto, y como tal, no pueden existir sin la participación simultánea de ambos. Es la base sobre la cual se construye el esquema patrimonial de la relación.

Hasta hace relativamente poco tiempo, específicamente hasta el 26 de noviembre de 2021, las capitulaciones solo podían celebrarse antes del matrimonio, es decir, no había oportunidad de modificar, ampliar o reconsiderar el contrato una vez consumado el matrimonio. Sin embargo, esto ha cambiado. Hoy en día, gracias a un fallo del Tribunal Supremo de Justicia, es posible celebrar, modificar e incluso dejar sin efecto las capitulaciones estando ya casados, e inclusive, los concubinos también pueden recurrir a esta herramienta patrimonial[35].

35 Sent. n.° 0652 de la S. Constitucional TSJ, 26/11/21: "...las Capitulaciones mat-

Este fallo ha generado un cambio significativo, permitiendo que las parejas puedan estructurar su patrimonio en cualquier momento de su relación, lo cual es una noticia favorable, aunque algunos consideren que este tipo de decisiones deberían ser competencia del órgano legislativo, y no del poder judicial.

No obstante, tal flexibilización, persiste una sensación de incertidumbre sobre la validez de las capitulaciones. A veces, se firman con la creencia de que el asunto está resuelto para siempre, pero la inseguridad sobre el destino de ese documento sigue latente, especialmente ante un posible conflicto entre las partes. Muchos confían en que es firme porque así lo ha dicho un abogado o porque ha sido refrendado por un notario o registrador, pero en la práctica, la legalidad de este instrumento puede ser cuestionada.

Para que las capitulaciones sean válidas, es esencial cumplir con ciertas formalidades. En primer lugar, deben ser registradas ante un registrador o firmarse en una notaría pública, lo cual posteriormente debe registrarse.

El hecho de permitir que las capitulaciones se celebren indistintamente antes o durante el matrimonio, e incluso en el concubinato, ha generado un cambio en las formalidades necesarias para su eficacia. Sin embargo, no importa en qué momento se celebren, siempre es necesario cumplir con las formalidades de registro para garantizar la eficacia del contrato.

Primero, hablemos de las formalidades del acuerdo prenupcial, tal como eran y siguen siendo. La norma estipula que las capitulaciones deben ser registradas en un registro público, aunque también se permite acudir a una notaría si así lo prefieren las partes, para posteriormente registrarlas en el lugar de celebración del matrimonio.

---

rimoniales se celebrarán conforme a la libre y expresa autonomía de los cónyuges/partes... De tal manera, que siendo las Capitulaciones matrimoniales el régimen patrimonial conyugal principal, los convenimientos de los cónyuges podrán celebrarse válidamente antes y durante del matrimonio; y así también, podrán ser reformadas durante el matrimonio y aún dejarse sin efecto. En todo caso, nunca tendrán efectos retroactivos, sino hacia el futuro, y entrarán en vigencia una vez registradas conforme lo establecido en los artículos 143 y siguientes del Código Civil, normativa que se ajustará a lo aquí decidido y que queda vigente en todo lo que no contradiga la presente decisión... Asimismo, se ESTABLECE CON CARÁCTER VINCULANTE LA INTERPRETACIÓN CONSTITUCIONALIZANTE del artículo 767 del Código Civil regulatorio de la comunidad concubinaria en ausencia de matrimonio, en el sentido de que "En ausencia de las Capitulaciones patrimoniales admitidas en el concubinato por inexistencia o nulidad de las mismas, deberá presumirse la comunidad de bienes salvo prueba en contrario", todo ello a tenor de lo previsto en el artículo 77 de la Constitución de la República Bolivariana de Venezuela" (...).

La "concha de mango" en este asunto radica en los acuerdos prenupciales otorgados ante una notaría, ya que luego deben registrarse "en el lugar de la celebración del matrimonio". Esta exigencia legal ha causado durante décadas muchos malentendidos y complicaciones en cuanto a los requisitos formales de las capitulaciones. Algunos llegan a extremos, queriendo que el documento se registre en todas las notarías o registros públicos posibles que estén vinculados al acto del matrimonio, incluso en la jurisdicción de la última residencia de los novios o donde planean residir juntos como pareja. Aquello se convierte en un torbellino de trámites y ocurrencias que no hacen más que enredar el proceso, como si pudieran registrarse en cualquier lugar, incluso en la luna, si fuera posible.

Según lo afirmó el propio Tribunal Supremo de Justicia, las capitulaciones pueden registrarse en cualquier registro público del país si se acude allí directamente, aun así, sigue representando un inconveniente cuando se pasa primero por la notaría, porque entonces debe hacerse el registro en el lugar donde se celebre el matrimonio[36].

Por ejemplo, si una pareja que reside en el municipio Baruta decide casarse en el Hotel Meliá Caracas, ubicado en el municipio Libertador, según esta interpretación, deberían registrar el acuerdo prenupcial en el municipio Libertador, porque la ceremonia se llevará a cabo en la parroquia El Recreo. Esto lleva a un sinfín de situaciones absurdas y totalmente fuera de contexto legal.

La confusión en cuanto al lugar del registro surge del hecho de que muchas parejas recurren primero a la notaría y no directamente al registro público. Aunque los notarios están autorizados para dar fe pública de las capitulaciones matrimoniales, su función es validar el documento, pero no sustituye el requisito de registro, que es lo verdaderamente importante. En otras palabras, acudir a la notaría solo es un paso preliminar, que luego debe completarse registrando el documento en el lugar adecuado. Así, vemos cómo el simple hecho de acudir

36 Snt. n.° 104, S. de C. Civil del TSJ, 6/3/2009. Caso Numidia Mejía Vs. José Andrés Afanador Q.: "Ahora bien, al analizar la denuncia, debe reiterarse que según el artículo 143 del Código Civil, existen dos formas de constituir capitulaciones matrimoniales. Una de ellas, otorgando el documento que las contiene por ante un registro subalterno; y la otra, cuando dicho instrumento haya sido de alguna forma autenticado, el mismo deberá inscribirse en el registro subalterno de la circunscripción donde vaya a celebrarse el matrimonio. Lo que conlleva a destacar, que la ley exige que se registren las capitulaciones matrimoniales en la misma circunscripción donde se celebre el matrimonio, sólo cuando las mismas pretenden hacerse constar mediante un documento autenticado.

primero a la notaría añade un nivel de complejidad a un proceso que, de otro modo, sería más sencillo si se acudiera directamente al registro público.

Cumpliendo con el requisito de registro, se logra la publicidad registral[37] necesaria para que las capitulaciones surtan efecto frente a terceros, como acreedores o potenciales contratantes, quienes sabrán si deben reclamar a la comunidad de gananciales o a cada cónyuge de manera individual en caso de una disputa económica.

Afinando detalles, y sin ánimo de contrariar la orientación del TSJ, consideramos que lo equilibrado sería registrar el documento capitular en el estado donde los cónyuges celebren el matrimonio, lo que posiblemente coincidirá con su primer domicilio conyugal. No se trata de decir que si se registra el documento en otro lugar sería nulo, ya que, como se indicó anteriormente, el TSJ ha señalado que puede hacerse en cualquier oficina de registro público del país.

Ahora, ¿cómo puede averiguarse si alguien cuenta con capitulaciones? Para evitar ir de municipio en municipio, lo recomendable sería acudir al registrador principal del estado correspondiente al municipio donde se casaron o donde tienen su domicilio conyugal, ya que estos concentran la información estadal, incluidos los actos registrales, como la protocolización de capitulaciones matrimoniales, independientemente del municipio donde se realizó el registro original. Esta medida podría aplicarse hasta que el Servicio Autónomo de Registros y Notarías (SAREN) logre sistematizar, digitalizar y centralizar todas las transacciones registrales y notariales del país.

Adicionalmente, la ley que regula el registro civil de las personas ofrece otra vía para localizar tales documentos, ya que establece que las actas de matrimonio deben contener los datos registrales de las capitulaciones[38], si las hubiera. Por ejemplo, si sabes que el matrimonio se celebró en el municipio Chacao, entonces puedes buscar en la alcaldía respectiva o en el registro civil de esa localidad, donde deberían aparecer los datos de las capitulaciones.

---

37 Que no es más que el derecho que tiene una persona de informarse de los actos de la vida pública en cualquier oficina de registro público. (El autor).

38 Ley Orgánica de Registro Civil, art. 104, numeral 5°: "Todas las actas de matrimonio, además de las características generales, deben contener: (...) 5° "Datos regístrales del documento de capitulaciones matrimoniales, si los hubiere".

"El cambio es la única cosa inmutable."

—Arthur Schopenhauer

Conociendo los cambios producidos en torno a las capitulaciones, es importante reflexionar sobre la adaptación de las formalidades necesarias para las parejas casadas y los concubinos que deseen adoptar este régimen patrimonial, así como sobre la posibilidad de modificar o dejar sin efecto lo previamente acordado.

¿Varían las formalidades entre el acuerdo prenupcial y las capitulaciones intramatrimoniales o concubinarias? Claro que sí, especialmente porque cuando se celebra durante el matrimonio o concubinato, es necesario disolver la comunidad de ganancias preexistente para establecer un nuevo esquema patrimonial. El registro previo al matrimonio otorga inmediatamente las virtudes capitulares una vez casados. En cambio, si se hace después, implica que se debe liquidar la comunidad de gananciales para poder implementar el nuevo régimen.

Las innovaciones permiten que los cónyuges y concubinos adopten las capitulaciones para manejar su economía familiar en el futuro. Este documento debe registrarse en un registro público en el momento en que lo decidan, ya que a partir de ese registro tendrá validez. ¿En cuál registro público? Según la sentencia del TSJ, se debe considerar «el domicilio conyugal o el lugar más cercano a este». Esta recomendación también aplica para los concubinos, aunque deben especificar la fecha de inicio de la relación en el documento.

Las modificaciones a las capitulaciones durante el matrimonio o concubinato también son posibles, pero requieren el consentimiento de ambos y solo pueden hacerse después de cinco años desde la última capitulación. Además, las modificaciones deben publicarse tres veces, con intervalos de diez días, en un periódico local o nacional, tanto en formato digital como impreso[39]. Es importante destacar que estas capitulaciones no tendrán efectos retroactivos, sino que aplicarán hacia el futuro una vez registradas.

Finalmente, los novios o pretendientes pueden seguir modificando sus capitulaciones sin tener que hacer las publicaciones requeridas para los cónyuges y concubinos, siempre que dichas modificaciones se registren antes del matrimonio. De lo contrario, se caería nuevamente en el régimen de relaciones ya consumadas.

Para profundizar en los extremos, toca escudriñar en la posibilidad de establecer o estructurar capitulaciones por un tiempo determinado. En otras palabras, ¿se puede convenir que durarán solo por cierto tiempo dentro del matrimonio o del concubinato? La respuesta, aunque negativa, no implica un "no" rotundo. No

39 Sent. n.° 0652 de la S. Const. TSJ, 26/11/21.

puedes estipular un tiempo de vencimiento para las capitulaciones, pero, como ya se mencionó, sí pueden reformarse durante el matrimonio o el concubinato e incluso abandonarse si la decisión es regresar al régimen de comunidad de gananciales.

Con estas reformas, echamos por tierra el carácter inmutable que alguna vez tuvo este sistema económico matrimonial y nos acercamos a lo que sucede en otras legislaciones, como la española y la francesa, donde también es posible hacer este cambio. Ahora en nuestro país existe mayor flexibilidad para decidir el destino patrimonial familiar. Si no se dijo nada antes de casarse o de entablar una relación concubinaria, es posible reformular las cuestiones económicas durante estas relaciones. Fuimos liberados del yugo de un sistema prácticamente impuesto por la ley (los gananciales), abriéndonos paso a repensar y reformular las reglas patrimoniales.

Es frustrante estar inconforme con las cosas y no poder cambiarlas. Pues bien, estos cambios introducidos desde el 26 de noviembre de 2021 ofrecen la oportunidad de reflexionar sobre la equidad patrimonial durante el matrimonio o el concubinato. Ya no hay necesidad de maniobrar estrategias patrimoniales que hagan justicia a cualquiera de los cónyuges o concubinos; ahora se puede optar por capitulaciones sin estar atrapado en un régimen de gananciales que, en algunos casos, traía más pérdidas que beneficios. En adelante, se puede hacer lo que el enamoramiento, los prejuicios o el desconocimiento impedían hacer.

Las promesas de sensatez con el dinero, como "no lo volveré a hacer" o "por mis hijos, lo juro", pierden fuerza cuando se enfrenta una situación de despilfarro o endeudamiento que afecta a ambos. Las capitulaciones, como remedio, ofrecen una respuesta inmediata para proteger el patrimonio común y encarrilar a quien esté fuera de control.

Estos cambios también benefician a los concubinos. Muchas parejas jóvenes que conviven en unión libre pueden evaluar si el sistema capitular les conviene. Si una pareja permanece unida en concubinato, puede formalizar la liquidación de los bienes obtenidos durante la unión y empezar de cero con el régimen patrimonial que les parezca más adecuado.

Un ejemplo sencillo sería el de Patricia y Gabriel, quienes viven juntos varios años y obtienen bienes a lo largo de ese tiempo. No importa a nombre de quién estén los bienes, ya que se crea una comunidad igual a la del matrimonio. Después de vivir esa experiencia, deciden que lo mejor es adoptar el sistema capitular. Para hacerlo, deben liquidar la comunidad existente a través de una partición amigable contenida en un documento registrado y, una vez con las cuentas claras, establecer las convenientes capitulaciones.

"No se deben juzgar los síntomas como si fueran las causas".

—André Maurois

Por otro lado, podemos encontrarnos con la nulidad de las capitulaciones por no cumplirse con las formalidades necesarias o, peor aún, por desviación de su objetivo natural. Es frustrante que una pareja previsiva se ampare bajo unas capitulaciones, y al momento del divorcio o la ruptura del concubinato, uno de los dos se encuentre desprotegido porque ese instrumento no era válido, ya sea por estar lleno de estipulaciones contrarias a la ley o por inclinar la balanza injustamente a favor de uno de los cónyuges/concubinos en detrimento de los derechos del otro. En lugar de eso, debe prevalecer el principio de igualdad ante la ley, recordando que el contrato [capitulaciones] es ley entre las partes.

Según lo señala Bocaranda Espinosa, J.J., citado por Asunta Briceño Ramos, "con el matrimonio, el marido y la mujer adquieren los mismos derechos y deberes de carácter patrimonial"[40]. Esto implica que ninguna de las partes puede tomar ventaja sobre la otra, y las condiciones deben ser siempre equitativas. De lo contrario, cualquier estipulación que incumpla esta premisa podría estar viciada de nulidad absoluta.

¿Qué no puede estipularse en las capitulaciones? Entre otras cosas, cláusulas que eximan a uno de los cónyuges o concubinos de la obligación alimentaria hacia los hijos o de los gastos del hogar, así como cualquier disposición que pretenda desviar las normas sucesorales para evitar que uno de los cónyuges o concubinos herede al otro.

A veces puede parecer que la balanza se inclina a favor de uno de los cónyuges debido a donaciones entre ellos, estipuladas en el mismo documento capitular. Sin embargo, estas donaciones no representan una ventaja desleal, ya que suelen tener efectos inmediatos, como cuando uno de los dos regala un apartamento al otro al momento de casarse o formalizar el concubinato. Esto no obliga al otro a hacer lo mismo, pues estas acciones son una expresión de amor y no una reglamentación de la vida patrimonial.

Además, deben considerarse válidas aquellas cláusulas que establezcan mecanismos compensatorios para la mujer en caso de pérdida de competitividad en el mercado laboral debido al abandono temporal del trabajo, tal como menciona-

40 BRICEÑO RAMOS, Asunta: Derecho de Autor en el Matrimonio, en la Ley sobre Derecho de Autor Venezolana. Revista Propiedad Intelectual, nº 6 y 7, Caracas-Venezuela, año 2004. Pág. 235.

mos en números anteriores. Estas estipulaciones no inclinan la balanza hacia uno de los dos, sino que más bien la equilibran.

Para corregir anomalías en las capitulaciones, existen las "nulidades de las capitulaciones", que definen lo que sí y lo que no puede estipularse. La ley es clara en declarar nulos aquellos pactos que vayan en contra de las leyes o las buenas costumbres, o que perjudiquen los derechos y obligaciones familiares[41], así como las distorsiones relacionadas con el divorcio, la herencia y otras figuras legalmente protegidas.

Si bien es cierto que las partes tienen amplia libertad para diseñar el modelo económico que observarán en su relación, que sirva para distribuir ganancias, proyectar inversiones y asignar o excluir bienes futuros, esas pautas serán válidas siempre y cuando respeten el orden público y las buenas costumbres.

Estos dos términos —orden público y buenas costumbres— aparecen recurrentemente, ya que, por ejemplo, no se puede delegar la obligación de colaborar con la carga familiar. Constituyen los límites de las capitulaciones, que hay que respetar para que el contrato no sea declarado nulo, si se utiliza para aventajar o defraudar a la otra parte. No obstante, esto no debería impedir que se establezcan acuerdos que se consideren saludables para la relación en términos económicos. No hay razón para no pactar lo que creamos necesario por temor a ser demandados. Actuar de otra manera sería como retirarse de la vida moderna, temerosos de cualquier posible litigio en nuestra vida social.

Es común que, en divorcios o rupturas de concubinato regidos por capitulaciones, se alegue la nulidad de estas. Sin embargo, no se puede anular de un golpe la intención de separar todos o ciertos bienes o asuntos. Es crucial entender que la voluntad de mantener aspectos separados no puede simplemente borrarse porque alguien esté incómodo con las capitulaciones.

Lo factible es que algunas cláusulas presenten visos de ilegalidad, y esto, por si solo, no invalida todo el contrato capitular. Solo las cláusulas defectuosas serían anuladas por un tribunal, mientras que el resto del acuerdo sigue vigente.

---

41 Art. 142 Código Civil: "Serán nulos los pactos que los esposos hicieren contra las leyes o las buenas costumbres, o en detrimento de los derechos y obligaciones que respectivamente tienen en la familia, y los contrarios a las disposiciones prohibitivas de este Código y a las establecidas sobre divorcio, separación de cuerpos, emancipación, tutela y sucesión hereditaria".

En resumen, algunas conclusiones clave sobre las capitulaciones son:

1. Las capitulaciones siempre serán un acto simultáneo entre ambas partes.
2. Los acuerdos prenupciales pueden registrarse en cualquier registro público del país antes de la boda, aunque se recomienda hacerlo en un registro del estado donde se celebrará el matrimonio o donde los cónyuges establecerán su primer domicilio. Hasta que haya una reforma legislativa, se sugiere evitar registrar el documento en una notaría para no estar confinados a hacerlo en el lugar exacto de la celebración del matrimonio.
3. Hoy en día, las capitulaciones pueden celebrarse una vez casados o viviendo en concubinato, y en este último caso, es necesario que el documento especifique la fecha de inicio de la relación.
4. Es posible modificar las capitulaciones cinco años después de la última modificación.

Los menores y las capitulaciones

"El hijo pródigo".

—*Lucas 15:11–32*

Se recomienda vivir una vida patrimonial más segura, y en eso radica la importancia de las capitulaciones. Pero ¿qué sucede con los menores? Tal vez, lo más recomendable para ellos sería otorgarse capitulaciones antes de casarse. No hablamos solo de las emociones en el vientre materno, sino del inicio de una nueva vida en matrimonio o en concubinato, que puede ser tanto una cómoda convivencia como un verdadero laberinto.

El legislador también ha pensado en los menores al establecer que aquellos que pueden casarse también pueden celebrar capitulaciones matrimoniales, así como hacer donaciones al otro contrayente, todo ello con la asistencia y aprobación de sus padres[42].

Como se puede observar, esta normativa patrimonial no limita a los menores adolescentes, quienes pueden acogerse a un régimen de capitulaciones con las mismas restricciones que ya están establecidas para contraer matrimonio. Antes del año 2014, el varón podía casarse desde los dieciséis años y la mujer a partir de los catorce. Sin embargo, el Tribunal Supremo de Justicia igualó esos límites, estableciendo que no podrá contraer matrimonio la persona que no haya cumplido los dieciséis años[43], siempre con el consentimiento de los padres.

42 Art. 146 del Código Civil venezolano: "El menor que con arreglo a la ley pueda casarse, puede celebrar capitulaciones matrimoniales, así como hacer donaciones al otro contrayente, con la asistencia y aprobación de la persona cuyo consentimiento es necesario para la celebración del matrimonio".

43 S Const. TSJ, 16/10/14, exp. 10-0161.

Este escenario permite que, si un menor puede casarse, también pueda celebrar capitulaciones matrimoniales. No obstante, debido a su edad, el menor necesita la asistencia de las personas que deben autorizar su matrimonio (sus padres), lo que otorga a los padres un papel clave en la elaboración de estas capitulaciones.

En cuanto a los menores emancipados[44] (es decir, aquellos liberados de la patria potestad), estos jóvenes de más de dieciséis años, pero menos de dieciocho, tienen la capacidad de administrar sus bienes y disponer de ellos como si fueran mayores de edad. Sin embargo, no pueden pedir préstamos o gravar bienes inmuebles sin la autorización de un juez. Aunque parezca poca cosa, la emancipación otorga al menor una gran responsabilidad sobre su patrimonio, lo que puede conllevar tanto buena como mala suerte en su gestión.

Es importante destacar que, en nuestro país, el único camino hacia la emancipación es el matrimonio. Así que, por más razones aparentes que existan (como el matrimonio de los padres o la recepción de una herencia), el adolescente debe casarse para lograr la emancipación. Una vez emancipado, los padres ya no tendrán control sobre los bienes del menor; sin embargo, cualquier operación que exceda la administración ordinaria de esos bienes requerirá autorización judicial.

Un punto interesante es que, antes de obtener la emancipación mediante el matrimonio, el menor ya puede celebrar capitulaciones matrimoniales, aunque estas solo tendrán efecto si se concreta el matrimonio. De no suceder así, todo lo pactado quedará sin efecto.

La emancipación no es sinónimo de libertad absoluta. El emancipado sigue necesitando autorización judicial para ciertos actos, como el establecimiento de una empresa o la explotación de un fondo de comercio[45]. No obstante, una vez emancipado, el menor puede tomar decisiones sobre la planificación y ejecución de inversiones, siempre que cuente con la autorización judicial en los casos que así lo requieran.

---

44 Colin y Capitant definen la emancipación diciendo que es "un beneficio de la ley que produce la consecuencia de libertar al menor de la patria potestad o de la tutela y de conferirle, con el gobierno de su persona, una cierta capacidad, por lo demás limitada a la "pura administración", en cuanto a su patrimonio". (Publicado en la Web por CABRERA RODRÍGUEZ, Eduardo José, enlace: http://derechociviliiuba.blogspot.com/2011/06/62-la-emancipacion.html).

45 Art. 11 del Código de Comercio: "El menor emancipado, de uno u otro sexo, puede ejercer el comercio y ejecutar eventualmente actos de comercio, siempre que para ello fuere autorizado por su curador, con la aprobación del Juez de Primera Instancia en lo Civil de su domicilio...".

Un aspecto para considerar es la situación de aquellos adolescentes que generan ingresos considerables. Sin necesidad de estar emancipados, la ley les confiere la facultad de administrar los bienes que adquieran con su trabajo u oficio de la misma manera que un menor emancipado[46], permitiéndoles gestionar su patrimonio sin la intervención de sus padres.

¿Por qué sigue el emancipado necesitando autorización judicial cuando ya no cuenta con el apoyo legal de sus padres? La respuesta es sencilla: aunque ha adquirido cierta autonomía, se entiende que aún no tiene plena capacidad intelectual para gestionar su patrimonio de manera responsable, lo que podría ponerlo en riesgo. La idea es que el emancipado conserve su patrimonio, e idealmente, lo aumente, pero bajo la vigilancia del Estado. En otras palabras, la autorización judicial complementa esta protección. No obstante, el emancipado tiene la libertad de viajar, movilizar su dinero para su manutención y la de su nueva familia, sin la necesidad de pedir autorización a nadie, y sin intervención de sus padres.

Con lo dicho, se puede concluir que la emancipación ha perdido mucho de su sentido económico en la actualidad. Dado que los adolescentes mayores de dieciséis años y menores de dieciocho pueden administrar sus ingresos sin intervención de sus padres, las principales razones para casarse y obtener la emancipación serían para poder manejar los bienes donados o heredados[47], o para obtener plena capacidad de obrar en términos personales.

Sorprendentemente, la ley no se ha enfocado en imponer a los adolescentes que desean casarse o vivir en concubinato un esquema patrimonial que los proteja frente a su posible incapacidad de discernimiento. Sería lógico que se les exigiera un régimen de capitulaciones cerrado, es decir, una absoluta separación de bienes durante los primeros cinco años de la unión, como una forma de proteger su patrimonio mientras adquieren más experiencia y madurez.

Este enfoque resalta la importancia de una protección patrimonial que, en el caso de menores, podría ser vital para evitar riesgos innecesarios.

---

46 Art. 273 del Código Civil venezolano: "Los bienes que el hijo adquiera con ocasión de su trabajo u oficio, así como las rentas o frutos procedentes de los mismos, serán percibidos y administrados personalmente por él, si ha cumplido dieciséis (16) años, en las mismas condiciones que un menor emancipado". (...).

47 Quedan a salvo las situaciones de los adolescentes mayores de dieciséis años y menores de dieciocho acaudalados hereditariamente o por donaciones, los cuales conservarán la aspiración de emanciparse para administrar esos bienes que no son los ingresos de los que trata el art. 273 del Código Civil venezolano. (El autor).

Cada pareja forma una sociedad, ya sea de gananciales o con capitulaciones. Es como tener un contrato de sociedad

"Juntos, pero no revueltos."

—Refrán popular

Hemos mencionado que las capitulaciones son un esquema de individualización patrimonial previo o durante cualquier relación. También, que son muchos los riegos que trae consigo el régimen de gananciales, sobre todo, cuando los esposos o concubinos, confiados en la prosperidad, que creen "individual", se comportan como si estuvieran bajo un régimen capitular. Esto se observa cuando no se consultan entre sí para realizar gastos o inversiones, tomando decisiones unilaterales y usando sus ingresos a su conveniencia, olvidando que desde el día del matrimonio o del inicio de la convivencia, ambos son responsables de cualquier pasivo asumido unilateralmente. Aquí radica la gran paradoja: muchos critican las capitulaciones, pero no tienen problema en ignorar al otro cuando legalmente ambos comparten derechos sobre lo que se adquiera.

Ante estos riesgos, ¿por qué entonces no considerar la capitalización individual bajo un régimen capitular, donde incluso es posible la participación recíproca? Es irónico que el régimen de gananciales en el matrimonio o concubinato sea, en su esencia, una estructura de capital, y que, en muchos aspectos, se asemeje al contrato de sociedad"[48] .

48 Art. 150 Código Civil venezolano.

En el contexto jurídico venezolano, la comunidad conyugal o concubinaria se rige por las normas del contrato de sociedad ordinario. Así lo establece nuestra legislación civil, que señala: "La comunidad de bienes entre los cónyuges se rige por las reglas del contrato de sociedad". Es importante aclarar el término "sociedad", por lo que se precisa: "El contrato de sociedad es aquel por el cual dos o más personas convienen en contribuir, ya sea con la propiedad o con el uso de las cosas, o con su trabajo, para alcanzar un fin económico común"[49].

Antes de profundizar más, vale la pena detenerse a desglosar el concepto de "sociedad universal", que se menciona en nuestras leyes. La normativa prohíbe "toda sociedad a título universal, ya sea de bienes presentes y venideros o de ambos"[50]. Esto significa que nadie puede ser socio de todos los bienes presentes y futuros de otra persona. Por ejemplo, Juan no puede ser socio de Luis, incluyendo en el capital todos sus bienes, sin especificarlos y mucho menos incluir bienes que no existen, aunque pudieran llegar a existir. La única sociedad universal permitida es la de ganancias en el sistema de gananciales.

¿Por qué se incluyó un tema familiar en uno de naturaleza negocial? La razón está en las similitudes entre ambos. Los esposos, en teoría, son socios, y por eso, lo que está prohibido para unos, lo está también para los otros. Ni el contrato de sociedad, ni la comunidad de gananciales implica un patrimonio totalmente fusionado o universalizado, cuyos componentes activos y pasivos, presentes o futuros, se vean completamente involucrados. Los socios ordinarios podrán aportar a la sociedad los bienes que deseen, siempre y cuando los especifiquen. En la comunidad conyugal o concubinaria sucede más o menos lo mismo, pero no por acuerdo entre las partes, sino por designio de la ley, que establece cuáles bienes entran en juego. Lo que no puede plantearse en términos generales es que todo lo que "tuvimos", "tenemos", y "podamos tener" forme parte de esa sociedad. En nuestro país y en gran parte del mundo, se utiliza el término "comunidad limitada de gananciales", limitada en cuanto a los bienes comunes, pero no en relación con las ganancias, ya que la ley permite que estas sean universales. Por eso, se presume que todos los bienes pertenecen a la comunidad mientras no se pruebe que son propios de alguno de los cónyuges o concubinos[51].

---

49 Art. 1.649 ibidem.

50 Art. 1.650 ibidem.

51 Art. 164 del Código Civil venezolano: "Se presume que pertenecen a la comunidad todos los bienes existentes mientras no se pruebe que son propios de alguno de los cónyuges.

Esto significa que la unión matrimonial o concubinaria no provoca, por sí sola, que todo se mezcle y se fusione, como si ambos cónyuges o concubinos nunca hubieran tenido vida propia. Por el contrario, los bienes que ya eran propios seguirán siéndolo, al igual que lo que se herede, las indemnizaciones por daños, y los bienes adquiridos con el producto de la venta de otros bienes particulares. Sin embargo, la regla sigue siendo que todas las ganancias, sin importar su origen, ingresan a la caja común de los cónyuges o concubinos. En este aspecto, el régimen de gananciales no coincide con el contrato de sociedad que se celebra entre otras personas.

Las diferencias entre los términos "esposos" y "socios" radican en las referencias a la "sociedad a título universal" entre socios y la "sociedad universal de ganancias" entre cónyuges, que ahora también aplica a los concubinos. En el contrato de sociedad no existen consideraciones morales o espirituales, mientras que, en la comunidad de gananciales, sí. Esta última se nutre de aspectos más contemplativos, mientras que la sociedad contractual persigue únicamente un fin económico. La comunidad conyugal o concubinaria, en principio, no tiene como objetivo la obtención de ganancias, sino el cumplimiento de las obligaciones que la relación conlleva. Solo en caso de disolución se procede a la individualización patrimonial, que no necesariamente reflejará un balance positivo, dado que el pasivo puede superar al activo, como también ocurre en las sociedades no familiares.

De todos los anteriores, el rasgo más distintivo de la comunidad de gananciales es el carácter incorpóreo y volátil de su capital. En el contrato de sociedad, no puede haber indeterminación; en cambio, en la comunidad de gananciales, todos los aportes, incluso aquellos no identificados previamente, ingresan al caudal común, a excepción de aquellos recibidos a título gratuito (donaciones, herencias, legados), y los bienes que nacen o se hacen propios dentro del matrimonio o el concubinato, como, por ejemplo, los adquiridos con el producto de la venta de un bien que se tenía con anterioridad al inicio de una de esas relaciones.

Por otro lado, en el régimen capitular también puede existir una sociedad conyugal o concubinaria (no de gananciales), esta vez confeccionada desde un contrato prenupcial, matrimonial o concubinario. Estas sociedades bajo capitulaciones pueden manejarse de forma similar a las sociedades civiles, ya que es posible especificar algunos bienes o conceptos con carácter de fondo social, cuyos beneficios se destinen, en primer lugar, a la inversión en el hogar, y, en segundo lugar, a su distribución equitativa entre los cónyuges o concubinos. Es similar a cuando alguien se asocia con un tercero en una sociedad ordinaria.

Lo importante, tras esta introducción, es dejar claro que la comunidad universal, esa que fantasea con un "todo para ambos", no tiene cabida en el régimen capitular, debido a su propia naturaleza y a la prohibición que pesa sobre el contrato de sociedad. Además, la especificación de ciertos bienes o rubros con fines participativos se contrapone con la noción generalizada de "todo lo que se gane" en el régimen de gananciales.

En este sentido, es posible incluir en las capitulaciones bienes anteriores al matrimonio, siempre que se especifiquen, para que funcionen como un fondo social de esta "nueva empresa", donde los cónyuges o concubinos decidirán, en conjunto, sobre el destino de los beneficios, según el diseño patrimonial que hayan acordado. Recuerden que las capitulaciones no son un documento estático; cobrarán vida y forma de acuerdo con los estatutos que se les hayan otorgado, de manera similar a una sociedad, aunque con ciertas distinciones.

¿Por qué está prohibida la sociedad universal entre cónyuges o concubinos con capitulaciones, así como la universalidad de ganancias? La respuesta es simple: debido a que, bajo el régimen de capitulaciones, al asimilarse a socios ordinarios (sociedad civil), los cónyuges o concubinos pueden especificar cuál será su aporte al fondo social, de dónde provendrá y cuál será la ganancia para cada uno, si así lo desean. Esto puede suceder cuando optan por un régimen de separación patrimonial con participación.

Podemos concluir, entonces, que en la comunidad de gananciales también está prohibida la sociedad a título universal. Por lo tanto, no somos ni seremos socios en cuanto a todos los bienes; sin embargo, las ganancias son universales, aunque sería más apropiado llamarlo comunidad limitada de gananciales. Por otro lado, bajo el régimen de capitulaciones tampoco existe universalidad de bienes ni de ganancias, ya que se requiere especificar lo uno y delimitar lo otro.

Con esta explicación queda zanjado el asunto de la "sociedad a título universal", un concepto tan raramente abordado. Lo prohibido para los socios ordinarios también lo está para los cónyuges o concubinos, tanto en el régimen de gananciales como en el de capitulaciones, al menos en lo que respecta al universo de bienes. La única salvedad para la comunidad de gananciales es que "todo lo que sea ganancia" formará parte de ella.

Incertidumbre del sistema de gananciales (personas que viven como si contaran con capitulaciones). Violencia de género patrimonial

"Una persona inteligente debería tener dinero en su cabeza, no en su corazón."
—Jonathan Swift

Cambiemos el enfoque hacia una reflexión sobre el cambio de actitud de uno de dos frente a la bonanza que se considera individual. En cuestiones de dinero, nunca se sabe qué esperar porque no siempre podemos confiar en la sensibilidad del otro, ese ser que nunca terminamos de conocer por completo. Esta reflexión es crucial para entender el entramado patrimonial del matrimonio o del concubinato.

Nos enfrentamos a una relación cargada de enigmas, especialmente en el aspecto patrimonial, cuando no se han establecido capitulaciones. Confiamos y apostamos, aunque el temor esté presente. En el régimen de gananciales, la verdadera entrega y confianza a menudo pasan desapercibidas, y la duda patrimonial siempre se encuentra gravitando alrededor de la pareja, porque no es mentira el asecho del divorcio o ruptura del concubinato; una circunstancia donde comenzamos a conocer a otro ser humano muy distinto de aquel con quien nos unimos. El matrimonio o el concubinato puede que sea un ritual cargado de sueños, mientras que el final de cualquiera de esos lazos es un territorio desconocido ¡No debiéramos llegar descobijados o esperando que te cobije alguien que ya no te mira como antes te miraba! Este sendero es absolutamente recio y frío, donde como en todo negocio, los sentimientos no juegan, y no son precisamente, el mejor consejero. Finalmente, el pragmatismo es la única guía.

Los sentimientos como el amor, la consideración y la cooperación mutua no se miden con papeles, pero aun así, es necesario tomar decisiones que preserven la concordia futura. La falta de transparencia patrimonial es una amenaza para la estabilidad de la relación, y las capitulaciones pueden ser la vía para mantener la paz y el equilibrio. Sin embargo, el término "capitular" suena duro, casi agresivo, y a menudo se percibe como una traición, aunque en realidad puede ser un acto de sinceridad y gallardía.

El verdadero problema surge cuando, en lugar de la sinceridad de las capitulaciones, las parejas optan por estrategias encubiertas, llenas de simulaciones y ocultamientos que generan un verdadero caos patrimonial. Estas trampas incluyen desde cuentas ocultas hasta la adquisición de bienes a nombre de familiares o la creación de sociedades off-shore que facilitan la compra y venta de bienes sin el conocimiento del otro miembro de la pareja; contradocumentos[52] o poderes generales conseguidos bajo algún ardid, que permiten la disposición de bienes sin el conocimiento del otro. Prácticas comunes que corroen la confianza y la equidad en la relación. Este tipo de comportamiento refleja un egoísmo profundo y una visión distorsionada de la relación, donde uno de los miembros busca prosperar a expensas del otro, ignorando la verdadera naturaleza del régimen de gananciales.

Frente a este escenario, surge la pregunta de si vale la pena vivir con este riesgo y la incertidumbre constantes, cuando las capitulaciones podrían brindar seguridad y claridad.

Becky Krinsky afirma que el dinero sin gratitud nubla la visión, confunde el éxito con el poder y la lujuria, y genera arrogancia, perdiendo así la sensibilidad y el respeto por los demás. Diversas universidades, como Harvard, Berkeley y Utah, han demostrado que a mayor ingreso económico, las personas tienden a ser más individualistas, menos agradecidas y a perder fácilmente el respeto por los demás. Esto explica por qué lo que antes era un proyecto común se convierte en un beneficio individual, y cómo las capitulaciones, al establecer límites claros, permiten mantener la independencia sin dejar de compartir realmente con el otro.

---

52 "Escrito generalmente secreto, que comprueba o reconoce la simulación total o parcial de un acto aparente al cual se refiere" (Cámara, h. Simulación en los Actos Jurídicos. 2ª ed. Roque Depalma Editor. Buenos Aires. 1958, pág.139).

Existe una observación que genera aún más ansiedad, y es que los actos realizados a escondidas por uno de los cónyuges o concubinos tienen un límite de caducidad de cinco años para que el afectado pueda solicitar su nulidad[53]. Esto significa que los actos fraudulentos, ejecutados sin el consentimiento del otro, solo pueden ser anulados dentro de ese período de cinco años desde que se registró el acto de disposición (venta o gravamen). Si uno de los cónyuges o concubinos, utilizando alguna de las artimañas mencionadas anteriormente, logra que su acción fraudulenta pase desapercibida más allá de ese plazo, el perjudicado ya no podrá pedir la nulidad de lo realizado. En este caso, lo único que subsiste es una acción por daños y perjuicios, la cual también tiene un corto plazo de caducidad: un año desde que se tuvo conocimiento del acto o, en su defecto, un año desde la disolución de la comunidad de gananciales.

Para protegerse, el otro cónyuge o concubino tendría que estar vigilando constantemente las oficinas de registros públicos para descubrir cualquier movimiento a tiempo, y la situación se agrava si hay repercusiones internacionales. Este es uno de los problemas que las capitulaciones vienen precisamente a evitar: cada parte sabe lo que tiene y no puede el otro utilizar ninguna treta para causar daño bajo la excusa de que "procuraba el bien común".

"A veces tienes que olvidar lo que sientes y recordar lo que mereces".

—Frida Kahlo

Un enfoque más profundo nos lleva a analizar la realidad jurídica y patrimonial de las mujeres en Latinoamérica, donde, lamentablemente, ni siquiera las capitulaciones logran a veces protegerlas por completo. Afortunadamente, en algunos países, incluyendo Venezuela, se cuenta con una legislación especial que protege a las mujeres contra la violencia patrimonial, como lo es la *Ley Orgánica sobre el Derecho de las Mujeres a una Vida Libre de Violencia*. Esta ley incluye disposiciones que abarcan conductas que constituyen violencia de género en el ámbito patrimonial, tal como se establece en el siguiente artículo:

Violencia patrimonial y económica: "Toda conducta activa u omisiva que directa o indirectamente, en los ámbitos público o privado, esté dirigida a ocasio-

53 Art. 170 Código Civil venezolano, penúltimo aparte: "La acción corresponde al cónyuge cuyo consentimiento era necesario y caducará a los cinco (5) años de la inscripción del acto en los registros correspondientes o en los libros de las sociedades si se trata de acciones, obligaciones o cuotas de participación. Esta acción se transmitirá a los herederos del cónyuge legitimado si éste fallece dentro del lapso útil para intentarla".

nar un daño a los bienes muebles o inmuebles en menoscabo del patrimonio de las mujeres víctimas de violencia o a los bienes comunes, así como la perturbación a la posesión o a la propiedad de sus bienes, sustracción, destrucción, retención o distracción de objetos, documentos personales, bienes y valores, derechos patrimoniales o recursos económicos destinados a satisfacer sus necesidades; limitaciones económicas encaminadas a controlar sus ingresos; o la privación de los medios económicos indispensables para vivir". (Art. 19.12 de dicha ley).

Específicamente, los hechos que constituyen delito en este contexto incluyen la sustracción, el deterioro, la destrucción, la distracción y la retención de bienes muebles e inmuebles, así como el bloqueo de cuentas bancarias o la realización de actos que afecten la comunidad de gananciales o el patrimonio propio de la mujer. La pena: de uno (1) a tres (3) años de prisión.

Como puede observarse, la ley cubre de manera exhaustiva los supuestos que involucran un ataque contra los bienes de la mujer, tanto propios como aquellos que formen parte de la comunidad de gananciales. Sin embargo, la mala noticia es que las sanciones contra el infractor aplican principalmente cuando los cónyuges están legalmente separados o los concubinos en situación de separación de hecho, debidamente comprobada[54].

La ley, de manera deliberada, ha dejado pasar un detalle importante: el delito patrimonial no puede configurarse mientras exista un "idilio" aparente o una situación de "normalidad" dentro de la relación. Debe mediar una separación legal (separación de cuerpos o solicitud de divorcio por desafecto), una separación de hecho entre concubinos o una medida de restricción previa a cualquier atentado patrimonial. En otras palabras, estas situaciones no son castigadas cuando las mujeres están más vulnerables, debido a la falta de advertencia. Sin embargo, las capitulaciones, aunque no sean una fortaleza completamente impenetrable, sí constituyen un muro de contención significativo contra las agresiones económi-

54 Art. 64 de la Ley Orgánica sobre el Derecho de las Mujeres a una Vida Libre de Violencia: "El cónyuge separado legalmente o el concubino en situación de separación de hecho debidamente comprobada, que sustraiga, deteriore, destruya, distraiga, retenga, ordene el bloqueo de cuentas bancarias o realice actos capaces de afectar la comunidad de bienes o el patrimonio propio de la mujer, será sancionado con prisión de uno a tres años.
La misma pena se aplicará en el supuesto de que no exista separación de derecho, pero el autor haya sido sometido a la medida de protección de salida del hogar por un órgano receptor de denuncia o a una medida cautelar similar por el tribunal de control, audiencia y medidas competentes" (...).

cas, especialmente cuando las mujeres, debido a cuestiones sentimentales, están más desprotegidas.

"No permitas que suceda de nuevo."

La buena noticia es que las mujeres, una vez en curso la denuncia por violencia patrimonial puede obtener una medida cautelar que implique la prohibición de enajenar y gravar bienes de la comunidad conyugal o concubinaria hasta en un cincuenta por ciento (50%), o cualquier otra medida que sea necesaria para la protección de su patrimonio.

"Verdugo no pide clemencia."

—Refrán popular

Como hemos visto, cualquier acción que atente contra el patrimonio de las mujeres se considera una forma de violencia de género. Sin embargo, esta protección no parece tener un equivalente en cuanto a los bienes del hombre. ¿Es menos importante el patrimonio del hombre? Es probable que esta sea una carga histórica que en el futuro se corregirá. Por ahora, el hombre puede contar con las capitulaciones, ya que, en el plano patrimonial, ningún delito puede concebirse con éxito en contra de bienes individualizados. Esto se debe a que las emboscadas patrimoniales se tienden con mayor facilidad en la comunidad de gananciales.

La presunción de comunidad

"Si lo suelta el chingo, lo agarra el sin nariz."

—*Dicho popular*

En el régimen de gananciales, suele suceder que los bienes se ocultan o, en otros casos, se acaparan egoístamente. Esto ocurre generalmente cuando hemos avanzado en la relación sin tomar precauciones patrimoniales, especialmente considerando la presunción de que todo lo que entra en el matrimonio o el concubinato se considera parte de la comunidad, a menos que se demuestre lo contrario que pareciera lograrse a través de una especie de prueba diabólica[55]. Pero ¿cómo funciona esto y por qué? El sistema de gananciales puede ser arbitrario; uno confía en un fondo común que, en ocasiones, no es tan equitativo ni tan compartido como debería. Al contrario, puede generar serias preocupaciones. La ley establece una presunción de que todo, absolutamente todo lo que se adquiere durante el matrimonio o concubinato con apariencia de ganancia pertenece a la comunidad. La dificultad radica en demostrar lo contrario, lo que a veces parece una tarea casi imposible, especialmente cuando se trata de bienes adquiridos con dinero que ya se poseía antes de iniciar la relación, pero que se invirtió dentro de ella, como en negocios o mejoras de un bien.

Esta situación puede generar incertidumbre y dependerá, en gran medida, de la honestidad y transparencia del otro miembro de la pareja para evitar malentendidos. Es un hecho que en el 90% de los divorcios o rupturas de concubinatos de parejas con cierto patrimonio hay desacuerdos importantes, y el 10% restante lo siente aunque no lo diga. El problema más grande surge, reiteramos,

55 La prueba diabólica, en latín, probatio diabolica o prueba inquisitorial es una expresión que describe la práctica de exigir una prueba imposible. (dr.leyes.com, enlace: https://drleyes.com/diccionario-latin/probatio-diabolica).

cuando se adquieren bienes durante el matrimonio o concubinato utilizando activos que precedían a estas relaciones. Si la adquisición se hizo antes de la unión, un documento con fecha clara sería suficiente para desvirtuar la presunción de comunidad, siempre y cuando el propietario no haya mezclado lo que originalmente estaba libre de cualquier implicación. El verdadero desafío es conseguir que se reconozca ese derecho, es decir, que lo invertido con recursos propios no se considere automáticamente parte de la comunidad.

Nos permitimos ilustrar esta idea con algunos ejemplos que presentan las mayores dificultades desde un punto de vista probatorio:

El Sr. "Augusto" tenía una considerable cantidad de dinero en efectivo antes de casarse o iniciar un concubinato. Una vez formalizada la relación, decide comprar un yate de lujo con parte de esos ahorros. En teoría, podría dejar constancia de que la compra se realizó con su dinero personal si su cónyuge o concubina aceptara firmar una nota en la escritura que lo acredite. Sin embargo, por diversas razones, no logra obtener ese acuerdo.

Lo ideal sería que esto se formalizara, ya que la comunidad no contribuyó en esa adquisición. El problema es que, en la vida real, plantear estas soluciones puede generar incomodidad, similar a la que provoca la idea de discutir abiertamente las capitulaciones. Es común encontrar resistencia del cónyuge o concubino no comprador, quien puede oponerse a quedar excluido de algo en lo que no participó, simplemente porque no existía cuando se generó el dinero que ahora se utiliza en la relación. Si no se firma el acuerdo, se presume que la compra es para la comunidad, lo que en caso de divorcio o ruptura de la relación coloca sobre el comprador la carga de demostrar el origen de los fondos, lo cual es una tarea complicada.

Para solucionar esto, se podría recurrir a la certificación bancaria que refleje el retiro de los fondos, coincidiendo con el precio de compra del yate y su transferencia al vendedor. Sin embargo, esta prueba podría no ser suficiente, dado el carácter fungible del dinero. Aun así, existe la posibilidad de solicitar una experticia contable. ¡Pero, por Dios! ¿No hubiera sido más fácil establecer capitulaciones desde el principio?

Otro ejemplo con un problema similar:

Doña Altagracia, una mujer adinerada, decide repartir sus bienes en vida para evitar pagar impuestos sobre donaciones. Para ello, elige utilizar una modalidad de enajenación distinta a la donación, como puede ser una venta simulada. Aunque siempre estará expuesta al riesgo de que se descubra la simulación de la operación, tiene al menos dos opciones:

- Constituir una compañía anónima cuyo capital se forma con el aporte de los bienes que se quiere repartir. Después, sus hijos adquieren las acciones a un valor nominal muy bajo, en comparación con las adjudicaciones reales. De esta manera, los bienes ingresan a la comunidad de gananciales sin posibilidad de demostrar que provienen de una fuente distinta a las ganancias del matrimonio o concubinato, salvo que se logre demostrar la simulación. En ese caso, todo tendría que retrotraerse al estado inicial, es decir, al momento de la sucesión que se intentaba evitar (cuando Doña Altagracia falleciera). En este escenario, el único que puede salir ganando fisco porque se descubriría la realidad de la operación y podría cobrar impuestos por las donaciones.
- Doña Altagracia también podría optar por una venta directa y simulada a sus hijos, otro método muy común para anticipar la herencia. En esta venta, el precio no se paga realmente, por esa razón es simulada, lo cual podría comprobarse a través de documentos bancarios y peritajes financieros. Al realizarse de esta manera, el bien entraría en el patrimonio común, y se activaría la presunción de que pertenece a la comunidad.

En estos ejemplos de operaciones simuladas, alguien podría señalar que una solución sencilla sería que el cónyuge o concubino no comprador ratificara las compras como realizadas con dinero propio del adquirente. Eso es correcto, pero el problema persiste: el otro cónyuge o concubino sigue siendo un testigo clave de la simulación y podría presionar por algún beneficio en caso de ruptura de la relación. Nadie quiere construir su patrimonio en medio de tal inseguridad jurídica. Entonces, ¿no sería mejor contar con capitulaciones?

Estas prácticas, que parecen grandes hazañas jurídicas y financieras, porque producen un resultado aparente, terminan siendo volcanes a punto de erupcionar.

En otros casos, vemos cómo el pasado compite con el presente: a veces, por descuido o ignorancia, muchas personas adquieren bienes inmuebles verbalmente. Solo cuando se casan o inician una relación de concubinato deciden registrarlos, lo cual es un grave error, ya que en ese momento dichos bienes ingresan, aparentemente, al patrimonio conyugal o concubinario. En otras palabras, se puede interpretar que el inmueble pertenece a la comunidad de gananciales desde que se registra la escritura pública. No negamos que se pueda probar lo contrario, pero esto supone derribar el muro de la presunción de comunidad, lo cual es un riesgo que nadie quiere asumir. La situación sería muy diferente si se contara, al menos, con un documento privado (sin notaría ni registro, solo entre las partes), ya que este sería suficiente para demostrar la propiedad.

Es importante mencionar la información que ha circulado en redes sociales acerca de la validez de los documentos privados de compraventa de inmuebles, tanto entre las partes como frente a terceros. Esto ha sido discutido debido a los altos costos de registro (tanto ordinarios como extraordinarios), y el Tribunal Supremo de Justicia ha aclarado, entre 2010 y 2023[56], que eres propietario desde que firmas ese documento privado, aunque no esté registrado. Sin embargo, la protocolización te otorga una protección plena como propietario, mientras que no hacerlo deja la puerta abierta a posibles disputas sobre la propiedad en el futuro.

56 Sent. de la SCC del TSJ n.° 0098 del 21/3/23: "...en aquellos actos traslativos de propiedad de inmuebles en los que se omita la formalidad de registro del contrato de venta [en los documentos privados], igualmente opera: 1) el perfeccionamiento de la convención; 2) la transmisión de la propiedad del inmueble y; 3) la posibilidad de que el adquirente invoque y haga valer la titularidad de su derecho frente a terceros; quedando limitados únicamente frente a aquellos terceros que, por cualquier título, hayan adquirido y conservado legalmente derechos sobre el inmueble".

En cuanto al inmueble que constituye la vivienda familiar, se tratará su manejo dentro de los dos tipos de regímenes patrimoniales

"A falta de pan, buenas son tortas".

—*Dicho popular*

La tesis que se opone al régimen económico de capitulaciones suele basarse en la defensa del hogar familiar, especialmente en casos de divorcio o ruptura de un concubinato. La polémica gira en torno al "techo" para los niños o a la protección del supuesto "sexo débil", y poco importa si estamos hablando de una quinta en el Country Club de 800 m^2 o de un modesto apartamento en una urbanización de clase media en Caracas, o cualquier otra ciudad de importancia en el país. Este tema se defiende con vehemencia, esperando que, en el peor de los casos, sea la vivienda familiar el activo que, por fuerza, conserve la mujer. Un beneficio, que puede llegar a disfrutar, inclusive, su nueva pareja sin que nada le haya costado (!).

¿Qué sucede si esa propiedad, el llamado «quintón", es el único bien o, al menos, el más valioso de la comunidad de gananciales? La vivienda familiar está sujeta a las normativas de la pensión de alimentos (hoy en día llamada "obligación de manutención"). Ahora bien, no necesariamente tiene que ser el lugar de la última residencia con el que se tenga que cubrir este rubro de la olvidada obligación compartida; bien pueden los progenitores alquilar o comprar otro en buenas condiciones que no desmejore el estatus del menor o adolescente, sufragado por ambos padres en la medida de su capacidad económica.

Este enfoque protector es el espíritu de la Ley Orgánica para la Protección de Niños, Niñas y Adolescentes (LOPNNA). El propósito de esta ley no es otorgar ventajas indebidas a ninguna de las partes en el divorcio o separación, sino proteger a los menores. Ellos no tienen derechos de propiedad sobre los bienes de sus padres; gozan en su lugar de vocación hereditaria sobre los bienes de ambos progenitores, independientemente de si existen o no capitulaciones. Asimismo, tienen el derecho a una vivienda digna, aunque no pueden escogerla a su antojo, ni ellos ni cualquiera de los cónyuges o concubinos.

Un ejemplo adicional es la Ley para la Protección de las Familias, la Maternidad y la Paternidad, la cual refuerza el principio de igualdad de derechos y deberes entre los miembros de la familia, destacando la responsabilidad compartida y la solidaridad familiar.

En resumen, ninguna de estas leyes relacionadas con la protección de la familia establece que, por el hecho de tener hijos, la mujer deba quedarse obligatoriamente con la vivienda que sirvió de hogar. Es hora de poner fin a estas ideas erróneas. Es esencial que se cumplan las obligaciones de manera justa y equilibrada, protegiendo siempre a quienes no pueden valerse por sí mismos, sin convertirlos en un instrumento de disputa financiera.

"El casado casa quiere."

—Dicho popular

No faltan quienes se oponen a las polémicas capitulaciones, alegando que propician inestabilidad en el hogar, apuntando a la morada del matrimonio o del concubinato. Argumentan que, al no ser propiedad de ambos, uno de los cónyuges o concubinos podría enajenar el bien inmueble sin la autorización del otro, sugiriendo que en una comunidad de gananciales esto sería diferente. Vamos a abordar este debate asumiendo que esta situación es un agravante cuando median capitulaciones, pero lo haremos con los pies en la tierra, considerando lo que sucede con mayor frecuencia.

Se suele pensar que la comunidad de gananciales es preferible porque implica una fusión patrimonial, un "todo de los dos", y que ninguno puede disponer de un bien mancomunado sin el consentimiento del otro, lo que supuestamente aporta seguridad frente a acciones unilaterales. Sin embargo, esta percepción varía según la perspectiva con la que se mire.

Supongamos que te casas o entras en concubinato con alguien que ya posee un inmueble que se convierte en el hogar familiar. Aun en gananciales, el propietario podría disponer libremente de ese bien por ser privativo o propio. La paradoja es, que con capitulaciones o sin ellas, el propietario podría disponer de dicho bien sin necesidad de contar con la aprobación de su pareja.

Vamos a ilustrarlo más gráficamente para evaluar cuál opción sería la más favorable:

Partiendo del hecho de que, tanto en un régimen con capitulaciones como en una comunidad de gananciales, el cónyuge o concubino que es propietario exclusivo del inmueble que sirve de hogar familiar, podría venderlo sin la autorización del otro, parece que en ambos casos la familia podría quedarse sin hogar de manera intempestiva. Ello, tomando en consideración el derecho del tercero que adquiriera el inmueble, a usarlo y disfrutarlo.

¿Cómo barajar esta situación para que la familia no corra el riesgo de quedarse en la calle?

Primero, está el derecho de posesión que tiene la familia sobre el inmueble. Un comprador debería tener en cuenta esta realidad y, por lo tanto, solicitar el consentimiento del otro cónyuge, aunque este no sea propietario, pero sucede que esto no es estrictamente obligatorio. Por ello hay que considerar también el deber-derecho de socorro[57] que se deben los esposos o concubinos en cualquier régimen patrimonial, que exige que cada uno piense en los intereses de la familia[58], y no solo en los suyos. Dentro de este deber también se incluye la obligación de no negociar precipitadamente el inmueble que sirve de hogar familiar, sin importar quién sea su propietario. En caso de una venta inconsulta, el cónyuge afectado podría acudir a los tribunales a denunciar la violación de ese derecho de socorro para intentar detener la operación si se entera a tiempo.

---

57 Art. 139 Código Civil venezolano: "El marido y la mujer están obligados a contribuir en la medida de los recursos de cada uno, al cuidado y mantenimiento del hogar común, y a las cargas y demás gastos matrimoniales.
En esta misma forma ambos cónyuges deben asistirse recíprocamente en la satisfacción de sus necesidades. Esta obligación cesa para con el cónyuge que se separe del hogar sin justa causa.El cónyuge que dejare de cumplir, sin causa justificada, con estas obligaciones, podrá ser obligado judicialmente a ello, a solicitud del otro".

58 CUÉLLAR de HERNÁNDEZ, Rosa María. "Derechos y Deberes del Matrimonio y Consecuencias de las Crisis Matrimoniales". Perspectivas del Derecho de Familia en el Siglo XXI. XIII Congreso Internacional de Derecho de Familia. Enlace: https//dialnet.unirioja.es/servlet/articulo?codigo=3130473.

Por otro lado, esa venta irresponsable podría constituir un acto de violencia de género, especialmente si se trata de una decisión tomada sin el consentimiento de la mujer, sea cónyuge o concubina. Esto le permitiría a la mujer afectada negarse a desocupar el inmueble y, además, solicitar medidas de protección ante las autoridades competentes, dado que la posesión compartida es un derecho protegido que puede prevalecer, incluso, frente a la propiedad individual.

En resumen, no se trata de si es mejor un régimen u otro en el matrimonio o concubinato, sino de la calidad y responsabilidad de los actores que forman parte de estos sistemas. Pensar que la comunidad de gananciales es superior solo porque es más común sería un error, o como dice el refrán: "Mal de muchos, consuelo de tontos". A veces, lo que más se usa es también lo que más se abusa.

La herencia en cualquier régimen patrimonial

"El muerto al pozo y el vivo al gozo".

—*Refrán español*

La vocación hereditaria es una realidad ineludible en cualquier régimen patrimonial: el legal (comunidad de gananciales) o el convencional (capitulaciones matrimoniales o concubinarias).

Cuando fallece uno de los cónyuges o concubinos, además del impacto emocional que genera en la familia, se produce una consecuencia legal importante: la extinción del vínculo matrimonial o de convivencia. Esto trae consigo la disolución de la comunidad de gananciales, si ese era el régimen patrimonial vigente en la relación. En caso de que la pareja estuviera bajo un régimen de capitulaciones, no habrá necesidad de dividir bienes, puesto que cada parte ya tenía sus bienes separados. Con la muerte, se convoca a resolver dos patrimonios distintos. Este es el momento en que se traza una línea divisoria entre la extinta relación y el nuevo escenario: la comunidad hereditaria.

En el primer caso, cuando el vínculo se extingue por la muerte, lo que se delimita es lo que le pertenecía a cada uno de los cónyuges o concubinos según el derecho de propiedad compartido que existe en los gananciales. En este escenario, la resolución sobre los bienes no dependía de un evento fatal como la muerte, aunque este sea el motivo del corte de cuentas, y no el divorcio o la ruptura de la convivencia. Así, la primera discusión se enfoca en el patrimonio de solo dos personas. En resumen, se reparte lo que por derecho le corresponde a cada uno, ya que fue generado durante el matrimonio o la convivencia, mediante el esfuerzo de ambos, aunque sea de manera fusionada o abstracta.

Ahora bien, cuando hablamos de una sucesión, no estamos distribuyendo lo que previamente se capitalizó en vida, sino incorporando a nuestro patrimonio algo que no teníamos, ya sea un bien tangible o intangible. La herencia no es más que una expectativa, una posibilidad que se vuelve realidad tras el fallecimiento de uno de los cónyuges o concubinos.

Es relevante preguntarse por qué existe este derecho a heredar entre esposos o concubinos, independientemente del régimen patrimonial. Primero, porque así lo dispone la ley. Además, la justificación moral de este derecho proviene del deber mutuo de ayuda entre los cónyuges o concubinos, una extensión del deber-derecho de socorro (comentado previamente), que va más allá de la vida. Aunque esta disposición puede parecer extraña, especialmente en el caso de personas con grandes fortunas que no tienen necesidades urgentes, sigue siendo un principio legal fundamental. Como dice el dicho: "mientras más masa, más mazamorra". De cualquier manera, esa vocación hereditaria permanece intacta.

De esta forma, el cónyuge o concubino sobreviviente participa en la herencia en igualdad de condiciones con el resto de los herederos.

Aunque pueda parecer redundante, es importante recalcar que, aun existiendo capitulaciones de cualquier tipo, el derecho hereditario del cónyuge o concubino no se extingue. Cualquier estipulación en las capitulaciones que intente anular o condicionar este derecho será nula, ya que se trata de una cuestión de orden público, que prevalece sobre acuerdos privados. No hay lugar a dudas: los contratos o convenciones como las capitulaciones no pueden contradecir las leyes que regulan el derecho a heredar.

En el caso de la comunidad de gananciales, muchas personas tienden a confundir la masa hereditaria con bienes que, antes de la muerte, ya eran de titularidad del cónyuge o concubino sobreviviente. Esta confusión puede resolverse fácilmente al entender lo que es la heredad: bienes que pueden transmitirse por herencia, ya sea mediante testamento o en caso de fallecimiento sin testamento. No se puede heredar lo que no pertenecía al fallecido, ni se puede heredar lo que ya es propio. Por tanto, en la comunidad de gananciales, el 50% del patrimonio corresponde al cónyuge o concubino superviviente, mientras que el otro 50% es la parte que formaba parte de la porción del fallecido y constituye la masa hereditaria. Esta es la porción que se repartirá entre los herederos, incluido el cónyuge o concubino que sobrevive, quien tiene derecho a heredar "como un hijo más".

Esa cuenta previa no habrá de sacarse para el caso de que existan capitulaciones (de corte absolutamente divisorio), ya que no existe un 50% que reservar como derecho propio del cónyuge o concubino superviviente. En este caso, todo lo que era del fallecido (el causante) se dividirá entre los coherederos, incluyendo al cónyuge o concubino sobreviviente. Como se puede notar, cuando median capitulaciones, los herederos descendientes pueden salir mejor acaudalados que bajo el régimen de gananciales, puesto que no hay que apartar ese 50% que pertenecía por derecho propio al cónyuge o concubino superviviente.

Veamos cómo funciona en la comunidad de gananciales con un ejemplo simple: Si Pedro fallece antes que María, el 50% de los bienes no se toca, ya que pertenece a María, y ya lo era antes de la muerte de Pedro. La normativa es clara: "Entre marido y mujer, si no hubiere convención en contrario, son comunes, de por mitad, las ganancias o beneficios que se obtengan durante el matrimonio[59]." El otro 50%, que pertenecía a Pedro, sí entra en la masa sucesoral, convirtiéndose en un 100% del patrimonio heredable. Si Pedro y María tuvieron dos hijos, la división se hace entre los tres (María y los dos hijos), asignando un 33,33% a cada uno.

Para ilustrarlo mejor, comparemos ambos regímenes con el mismo ejemplo:

- **Gananciales:** Patrimonio total de 1.000.000 USD. Al dividir entre 2, quedan 500.000 USD. Luego, se divide entre tres (María y los dos hijos), lo que equivale a 166.666 USD por persona.
- **Capitulaciones:** Patrimonio total de 1.000.000 USD. Se divide directamente entre los tres herederos, lo que resulta en 333.333 USD para cada uno.

La pregunta que surge entonces es: ¿pueden las capitulaciones hacer que uno renuncie a su derecho hereditario? Definitivamente, no. Aunque las capitulaciones pueden parecer intimidantes o complicadas, no deben generar confusión. A veces, quienes finalmente se animan a discutir este esquema patrimonial actúan como si estuvieran en un conflicto, y en esos momentos tienden a hacer cosas al revés o a incluir cláusulas que están prohibidas. De hecho, es ilegal estipular la renuncia recíproca al derecho hereditario, o condicionar o limitar dicho derecho en un contrato patrimonial. Tampoco se permite adelantar una herencia. Como bien diría Vélez Sarsfield: "se trata de la moral y las buenas costumbres, considerando que estos pactos giran en torno de una especulación sobre la muerte." Estos acuerdos están viciados de nulidad absoluta, pues la ley prohíbe hacer pactos sobre una sucesión futura[60].

59 Art. 148 del Código Civil venezolano.

60 Art. 1.156 del Código Civil venezolano: "Las cosas futuras pueden ser objeto de los

"No hay que contar los pollos antes de que nazcan."

—Dicho popular

Son verdaderamente impresionantes los enredos que traen consigo las sucesiones, ya sea con o sin testamento, debido a los manejos que hacemos de nuestros bienes en vida, muchas veces sin la asesoría adecuada o con la orientación de abogados de pasillo. En este epígrafe abordaremos varios conceptos clave como "la legítima", "colación", "cuota disponible", "imputación" y "reducción", cada uno explicado en el glosario, manejados aquí de forma simple para dejar los detalles más profundos a los expertos en el tema. Sin embargo, analizaremos cómo se posiciona el cónyuge o concubino en este escenario hereditario, tanto con o sin capitulaciones, ya que el impacto es el mismo. La idea es tener una orientación clara sobre la herencia que queremos dejar y reflexionar sobre lo que estamos haciendo en vida para no complicar ese proceso.

¿Qué debemos saber sobre el reparto de bienes en vida? Lo primero que debemos considerar es que tenemos la libertad de hacer con nuestros bienes lo que nos plazca, es decir, no estamos limitados a la hora de gastar nuestro dinero. El problema surge cuando, por ejemplo, comenzamos a favorecer desproporcionadamente a unos hijos o al cónyuge/concubino más que a otros. Es aquí donde la ley establece ciertos correctivos para garantizar la equidad en el ámbito familiar. Aunque en vida nadie puede detenernos si decidimos beneficiar más a unos que a otros, el verdadero conflicto surge cuando fallecemos y los herederos se encuentran con un desorden.

Es un hecho que podemos disponer de nuestros bienes en vida como queramos. No obstante, todo aquello que regalemos a futuros herederos, incluyendo al cónyuge o concubino, puede interpretarse como un adelanto de su herencia. Esto es algo de lo que deberán rendir cuentas más adelante. Aunque suene extraño o hasta molesto, es así: no podemos simplemente repartir bienes a unos más que a otros, ya que, llegado el momento de nuestra muerte, los demás herederos podrán reclamar los ajustes necesarios para proteger su derecho hereditario. Este problema es común cuando intentamos "arreglar las cosas en vida", sin darnos cuenta de que, a veces, en lugar de solucionar, complicamos el panorama sucesorio. Solo con la experiencia se entiende que, al distribuir bienes en vida sin una planificación adecuada, como cuando financiamos los proyectos de uno de nuestros hijos

contratos, salvo disposición especial en contrario. Sin embargo, no se puede renunciar una sucesión aún no abierta, ni celebrar ninguna estipulación sobre esta sucesión, ni aun con el consentimiento de aquél de cuya sucesión se trate".

o le compramos una vivienda; cuando simulamos ventas de determinados bienes a ellos, o tan simple como que, a manos llenas, le entreguemos bienes al cónyuge o al concubino, se pueden desajustar los derechos de los demás herederos.

Este escenario nos lleva a dos figuras clave en materia hereditaria: "la legítima" y "la cuota disponible"[61]. La primera es el derecho inalterable que tienen ciertos herederos inmediatos o forzosos, conocidos como legitimarios, entre los cuales se encuentran, en primer orden, el cónyuge/concubino, los hijos y sus descendientes por representación[62]. En ausencia de estos últimos, los ascendientes del causante también pueden participar en la herencia al lado del cónyuge o concubino, todo conforme al orden de suceder. Para simplificar y concentrarnos en el tema de las capitulaciones, el término "legitimarios" lo emplearemos aquí para referirnos únicamente a los hijos, sus descendientes por representación y, por supuesto, al cónyuge o concubino.

La legítima representa la mitad del caudal hereditario que debe respetarse tanto en donaciones como en testamentos. También se considera el cincuenta por ciento (50%) del patrimonio acumulado de la persona fallecida (causante), y está relacionada no solo con lo que posee al momento de su muerte, sino también con aquello de lo que dispuso gratuitamente en los últimos diez años de su vida, lo cual debe incluirse en el cálculo.

Esta protección de la legítima fue diseñada para salvaguardar los derechos de los herederos inmediatos o forzosos (legitimarios), evitando lo que comúnmente se conoce como desheredación. Por lo tanto, ya sea en gananciales o capitulaciones, el cónyuge o concubino sobreviviente conserva su estatus como legitimario, con el derecho a recibir parte de la legítima, al igual que los hijos, que son los

---

61 La cuota disponible, como su propio nombre refiere, se puede disponer libremente; en favor de los herederos, cualesquiera de ellos, e inclusive se puede asignar a un extraño. (El autor).
"De esta manera, legítima y porción disponible son las dos partes correlativas de un mismo todo: la herencia (o mejor, el patrimonio del causante); y establecer el monto de una equivale a fijar el de la otra". (GILETTA, Javier H. LEGÍTIMA VERSUS PORCIÓN DISPONIBLE, Buenos Aires-Argentina. Pág. 164. Enlace: https://escribanos.org.ar/rnotarial/wp-content/uploads/2015/07/RNCba-75-1998-06-Doctrina.pdf)

62 La sucesión por derecho de representación es cuando un heredero toma el puesto de su antecesor en la herencia". Derecho de representación, lo tiene aquella persona que se le llama para que ocupe en la sucesión el lugar de su antecesor en la herencia". (Derecho Civil. Sucesión por Representación). Publicado en la Web por el abog. Luis Marcano. Enlace: https://abogluismarcano.wordpress.com/2016/05/15/sucesion-derecho-de-representacion/).

herederos más cercanos. En resumen, la legítima es simplemente la mitad de la herencia, libre de pasivos.

Por otro lado, la cuota disponible es la otra mitad del patrimonio, de la cual el causante puede disponer libremente, sin que nadie tenga que devolver lo que se haya anticipado. En la herencia, esta es la parte sobre la que el causante tiene libertad para dejar un testamento o legados (asignaciones especiales). Este fondo disponible puede ser asignado al cónyuge, a un hijo o incluso a un tercero ajeno a la familia.

También puede darse el caso de que, al no existir testamento ni donaciones en vida, todo el patrimonio se conserve como un todo partible (lo bueno y lo malo), después de cubrir los gastos funerarios y fiscales necesarios. En estos casos, la herencia se distribuye como una sucesión a título universal, que no solo implica la división de los bienes, sino también la asunción de los derechos y obligaciones que formaban parte del patrimonio del fallecido.

Para ilustrarlo, imaginemos que "A" deja a "B" el 30% de su herencia. Esto convierte a "B" en heredero a título universal en esa proporción, lo que significa que asumirá tanto los derechos como las obligaciones correspondientes a esa parte de la herencia.

Es importante aclarar que el término sucesión a título universal no debe confundirse con la declaración de únicos y universales herederos[63], un trámite judicial simple que se exige en ciertos casos por algunas instituciones públicas y privadas. Este trámite se basa principalmente en el acta de defunción del causante y documentos que acrediten el parentesco.

El cálculo de la legítima es fundamental para que el cónyuge o concubino sepa cuánto le corresponde, como mínimo, de la herencia. Además, debe considerar cómo puede verse afectado su derecho si ha recibido bienes en vida por parte de su pareja. Tener claro este panorama permite una mejor noción de la realidad sobre su porción hereditaria, independientemente de que haya capitulaciones o no.

Para calcular la legítima[64], se suman los bienes del causante al momento de su fallecimiento, se restan las deudas y luego se añade ficticiamente el valor de todo

---

63 "Es muy usada para demostrar la condición de herederos ante el Seguro Social, cuando se persigue una pensión por sobreviviente. De igual forma, permite acreditar la condición de tal ante el empleador, mientras se tramita formalmente la declaración sucesoral a la cual no suple". (tusoluciónlegal.ve. Declaración Herederos Únicos y Universales. 2016. Caracas-Venezuela. Enlace: https://www.tusolucionlegal.com.ve/declaracion-herederos-unicos-y-universales).

64 "Determinación o cálculo de la legítima:

lo que haya donado, tanto a herederos como a terceros, en los últimos diez años de su vida. De esta forma, obtenemos la masa hereditaria bruta, de la cual el 50 % representa la legítima, mientras que el porcentaje restante constituye la cuota de la que el causante puede disponer libremente. Este cálculo es un ejercicio teórico (una "reunión ficticia") que solo sirve para determinar la legítima y verificar si se ha respetado o vulnerado esta cuota de reserva.

Un ejemplo puede aclarar el concepto:Débora, casada bajo régimen de capitulaciones con Ismael, dejó dos hijos y activos por el orden de USD 2.000.000, sin deudas. Durante su vida, donó a su esposo dos apartamentos valorados en USD 600.000 y financió negocios para uno de sus hijos por USD 300.000. Para calcular la legítima, sumamos estos montos: USD 2.000.000 + USD 600.000 + USD 300.000 = USD 2.900.000. La legítima es la mitad de esa cantidad, es decir, USD 1.450.000, y la cuota disponible sería el mismo monto: USD 1.450.000. La legítima, a su vez, se divide entre los tres legitimarios (su esposo y sus dos hijos), lo que da como resultado USD 483.333,33 para cada uno. En este caso, las donaciones que Débora hizo en vida no afectaron la legítima de los herederos. (Más adelante, explicaremos cuánto podría recibir cada uno).

Como sabemos, la institución de la legítima ha sido establecida por el legislador para proteger a los miembros más cercanos de la familia del de cujus, respecto de las excesivas liberalidades de este, efectuadas tanto por actos mortis causa (testamentos) como por negocios jurídicos entre vivos (donaciones) (...). Por tal motivo, a los efectos de determinar la porción reservada a los legitimarios del causante en cada sucesión determinada, es indispensable, por una parte, que la misma esté ya abierta y, por otra, tomar en consideración no solo el patrimonio hereditario del de cujus para la fecha de apertura de su sucesión, sino también las gratuidades hechas por él durante los últimos años de su vida.

A los fines de lograr tales propósitos, el artículo 889 CC señala las operaciones que deben llevarse a cabo, las cuales son las siguientes: 1) determinación del monto del activo hereditario; 2) determinación del monto del pasivo y detracción del mismo, al monto del activo hereditario (para establecer así, el monto del activo hereditario neto); 3) determinación del monto de las donaciones efectuadas por el causante durante los últimos diez años de su vida y agregación ficticia del mismo, al monto del activo hereditario neto; y 4) cálculo propiamente dicho de la legítima sobre el resultado de la tercera de las indicadas operaciones". (LÓPEZ HERRERA, Francisco: Derecho de Sucesiones, tomo I, 4° ed. Universidad Católica Andrés Bello, Caracas-Venezuela, 2011, pág. 241).

"Pan para hoy, hambre para mañana".

—Dicho popular

Una vez aclarado cómo se calcula la legítima, es importante destacar que tanto el cónyuge o concubino como los hijos que hayan recibido bienes en vida de manera gratuita deberán imputar esas donaciones a su porción legítima cuando se reparta la herencia. En otras palabras, no podrán reclamar de nuevo esa cuota, ya que se considera un adelanto de la herencia. Sin embargo, como veremos más adelante, los herederos pueden ser dispensados de esta imputación.

El concepto de imputación se refiere a la aplicación a cuenta de la legítima de algo que se ha recibido o se recibirá. En el primer caso, es cuando se reciben bienes en vida de los padres o del cónyuge/concubino, y en el segundo, cuando existe un testamento que busca beneficiar a ciertos herederos. En ambas situaciones, esa porción de la herencia queda consumida, a menos que se haya dispensado de la imputación.

Para entender dónde empiezan y terminan los derechos del cónyuge o concubino en el contexto del laberinto hereditario, es necesario desglosar cómo se comporta la imputación de todo lo que haya recibido en vida por parte de su pareja. En este sentido, el cónyuge o concubino, como heredero particular, debe imputar a su legítima cualquier donación recibida del otro, además de lo que se le haya dejado por testamento y lo que haya adquirido a través de las capitulaciones, en caso de que este haya sido el régimen patrimonial adoptado. Aunque esto último puede sonar algo complejo, en realidad es bastante sencillo: en el contrato patrimonial prenupcial, matrimonial o concubinario, uno de los cónyuges puede regalar al otro ciertos bienes con motivo del futuro matrimonio, o para que cuente con esos activos durante los años de la relación. Recordemos que las capitulaciones son un contrato en el que se tiene la libertad de establecer una variedad de acuerdos, ya que su propósito no se limita únicamente a separar patrimonios.

¿Significa esto que cualquier beneficio económico que provenga del cónyuge o concubino debe considerarse un anticipo de la herencia? La finalidad de la imputación es asegurar la mayor equidad posible entre los herederos legitimarios, garantizando que se respete, como mínimo, su porción legítima. Si el cónyuge o concubino ya ha recibido beneficios a través de cualquiera de las formas mencionadas, se entenderá que estos se descuentan de su legítima. No obstante, puede ocurrir que se le dispense de esta imputación, permitiendo que sea más favorecido, siempre y cuando no se perjudique a los demás herederos legitimarios.

En resumen, un cónyuge o concubino puede recibir su legítima y todo el fondo disponible, ya sea por testamento o mediante donaciones en vida, si esa fue la voluntad del causante. Como ya se explicó, la legítima es una mitad y el fondo disponible es la otra. En este escenario, ¿cómo puede resultar quebranta la legítima de los demás coherederos? Esto sucede cuando un heredero legitimario recibe su legítima y una porción que excede del fondo disponible. Paradójicamente, esto no significa que nadie pueda recibir más de lo que corresponde al fondo disponible. Por ejemplo, un heredero puede recibir tanto su legítima como el fondo disponible sin violar los derechos de los demás.

Veamos un ejemplo:

En la sucesión de Isabel (viuda), sus hijos Ricardo y Fernando, con un patrimonio de USD 2.000.000 (sin deudas), el 50% (USD 1.000.000) corresponde a la legítima, que se divide entre los tres herederos: USD 333.333,33 para cada uno. El otro 50% (USD 1.000.000) es el fondo disponible. Isabel recibió por testamento USD 1.333.333,33, cubriendo así su legítima y recibiendo todo el fondo disponible. De este modo, recibió más de la mitad de la herencia sin perjudicar la legítima de Ricardo y Fernando, quienes recibirán cada uno USD 333.333,33, respetando el total de USD 2.000.000 de herencia neta. Esto fue posible gracias a que Isabel estuvo dispensada de imputar su legítima. Más adelante nos concentraremos en el asunto de la dispensa.

Con otro ejemplo, veamos cómo funciona la imputación a la legítima en la comunidad de gananciales:

El Sr. Monasterio, casado con Gabriela bajo el régimen de comunidad de gananciales, había hecho las siguientes donaciones:

- Regaló a su hijo Juan un apartamento valorado en USD 250.000.
- Depositó en una cuenta a nombre de Gabriela USD 300.000, que provenía de un dinero propio.

Al fallecer, el patrimonio aparente del Sr. Monasterio consistía en una casa en una urbanización exclusiva valorada en USD 2.500.000.

Paso 1: Liquidación de la comunidad de gananciales: La mitad de la comunidad de gananciales le corresponde a Gabriela, es decir, USD 1.250.000.

Paso 2: Cálculo de la legítima: Sumamos los bienes dispuestos gratuitamente en los últimos diez años de vida del Sr. Monasterio:

- USD 250.000 (donación a Juan)
- USD 300.000 (donación a Gabriela)
- Activo neto actual (USD 1.250.000, que es la mitad restante de la comunidad)

Masa hereditaria bruta = USD 1.800.000.

Legítima (50% de la masa hereditaria): USD 900.000.**Fondo disponible (50% restante):** USD 900.000.La legítima de cada uno de los tres herederos (Gabriela, Juan y Luis) es de USD 300.000.

Paso 3: Imputaciones:

- Gabriela imputa a su legítima los USD 300.000 que ya recibió en vida, lo que cubre completamente su porción legítima.
- Juan imputa el valor del apartamento (USD 250.000) y todavía tiene derecho a USD 50.000 adicionales para completar su legítima.
- Luis no tiene nada que imputar, ya que no recibió ningún anticipo en vida.

Asignación de la legítima:

- Luis: USD 300.000 (legítima completa).
- Juan: USD 50.000 (remanente de su legítima).

Paso 4: Asignación del fondo disponible: El fondo disponible de USD 900.000 se divide entre los tres herederos: USD 300.000 para cada uno.

Adjudicaciones finales:

- Gabriela: USD 300.000 (fondo disponible) + USD 300.000 (donación en vida) = USD 600.000.

- Juan: USD 300.000 (fondo disponible) + USD 50.000 (remanente de legítima) + USD 250.000 (apartamento) = USD 600.000.
- Luis: USD 300.000 (legítima) + USD 300.000 (fondo disponible) = USD 600.000.

Herencia neta repartida:

- USD 900.000 (fondo disponible) + USD 350.000 (legítimas) = USD 1.250.000.

Herencia total repartida:

- USD 1.800.000.

En este ejemplo, Gabriela no recibe su legítima durante la partición, ya que el Sr. Monasterio la adelantó con la donación en vida. Juan conserva el apartamento donado, que cubre parte de su legítima, y recibe el remanente. Luis, que no recibió nada en vida, obtiene su legítima completa más una parte del fondo disponible.

Aunque ya hemos abordado el tema de la imputación en términos generales, sigue quedando la pregunta de cómo puede el cónyuge o concubino sobreviviente salir airoso frente al desorden que haya hecho el causante de sus bienes en vida. Para responder a esto, no podemos perder de vista la voluntad del causante, ¡sí!, por mucho que la ley contemple las herramientas necesarias para tratar de emparejar las cosas, el causante conserva un margen importante de maniobra. Ciertamente, si una persona tiene bienes y desea que su cónyuge o concubino e hijos queden proporcionalmente arreglados, debe asesorarse bien para armonizar lo que haya dispuesto en vida con su testamento.

Todo esto será posible conjugando el comodín de la "dispensa de imputación". Dicho de otro modo, si el causante quiere mejorar a su cónyuge o concubino, puede perfectamente dispensarlo de la imputación de las donaciones que le haya hecho en vida, lo cual puede hacer en cada documento de donación o mediante una simple cláusula en su testamento, proyectando de esa forma una mejoría respecto a los demás coherederos. Así, el cónyuge o concubino podría recibir tanto su legítima como la porción del fondo disponible, sin afectar los derechos de los demás herederos.

Veamos cómo funciona este proceso con un ejemplo detallado que muestra la aplicación de la dispensa de imputación.

Ejemplo con Dispensa de Imputación:

El Sr. Maldonado, casado con Raquel bajo un régimen de capitulaciones, fallece dejando además dos hijos. El valor de su patrimonio neto asciende a USD 3.000.000. En vida, había donado a sus dos hijos y a Raquel la cantidad de USD 900.000, repartida en partes iguales (USD 300.000 para cada uno), sin dispensa de imputación[65]. Sin embargo, en su testamento, deja USD 1.500.000 a Raquel, esta vez sí con dispensa de imputación.

Paso 1: Cálculo de la legítima y el fondo disponible

- **Haber hereditario neto (hhn):** USD 3.000.000
- **Donaciones en los últimos 10 años:** USD 900.000
- **Masa hereditaria bruta:** USD 3.900.000
- **Legítima:** 50% de USD 3.900.000 = USD 1.950.000
- **Fondo disponible (fd):** USD 1.950.000
- **Legítima por heredero:** USD 1.950.000 / 3 = USD 650.000 cada uno.

Paso 2: Imputaciones

- Raquel imputa los USD 300.000 que recibió en vida, por lo que le queda un remanente de USD 350.000 por legítima.
- Cada hijo también imputa los USD 300.000 recibidos en vida, quedándoles un remanente de USD 350.000 por legítima.

Paso 3: Disposición testamentaria

- Raquel recibe USD 1.500.000 por testamento con dispensa de imputación, lo que no afecta su legítima.

---

65 Dispensa según la Rae, significa: "Privilegio, excepción graciosa de lo ordenado por las leyes generales...".
"La dispensa de imputación puede ser total o parcial. Es decir, el causante puede liberar al legitimario de imputar a su legítima la totalidad de una gratuidad cualquiera, hecha por aquel a este, o bien puede limitarla a solo una parte del valor de la liberalidad. En caso de que el legitimario sea beneficiario de varias liberalidades, el causante puede dispensarlo de imputación respecto de todas ellas, o de solo algunas o alguna de las mismas". (Op. cit. LÓPEZ HERRERA, Francisco, pág. 260).

Paso 4: Reparto del fondo disponible residual (rfd)

- **Fondo disponible residual:** USD 3.000.000 - (USD 1.050.000 de legítimas) - USD 1.500.000 (testamento) = USD 450.000
- **Fondo disponible residual por heredero:** USD 450.000 / 3 = USD 150.000 cada uno.

Adjudicaciones finales:

- **Raquel:** USD 350.000 (porción de legítima) + USD 1.500.000 (testamento) + USD 150.000 (fondo disponible residual) + conserva la donación de USD 300.000 = **USD 2.300.000.**
- **Cada hijo:** USD 350.000 (porción de legítima) + USD 150.000 (fondo disponible residual) + la donación de USD 300.000 = **USD 800.000** cada uno x 2 = **USD 1.600.000.**

Herencia total repartida:
Raquel: USD 2.300.000
Hijos: USD 800.000 x 2 = USD 1.600.000
Total: USD 3.900.000.

De este ejemplo podemos destacar dos aspectos clave:

1. El Sr. Maldonado dispuso que Raquel no tuviera que imputar el valor del testamento a su legítima, permitiendo que recibiera tanto la legítima como la porción testamentaria completa.
2. Además, el Sr. Maldonado también pudo haber dispensado a Raquel de imputar la donación de USD 300.000 en vida, sin afectar los derechos legitimarios de sus hijos, ya que esa cantidad cabía dentro del fondo disponible.

Muchas veces es difícil aceptar que las donaciones o regalos hechos por la pareja antes del fallecimiento afectan la legítima o el fondo disponible. Dicho en otras palabras, muchas personas se resisten a la idea de ver disminuida su participación en la herencia por haberse consumido la cuota legítima y además, buena parte del fondo disponible, pero la imputación es un mecanismo establecido para evitar que los demás herederos se vean perjudicados.

Concretamente, debe imputarse sobre la legítima: a) Lo que el cónyuge o concubino haya recibido por testamento; b) Las donaciones que se hayan estipulado en las capitulaciones; y c) Las donaciones que haya recibido en vida del causante.

1°) Lo recibido por testamento:
El primer paso es determinar cómo funciona la imputación en lo que respecta a los bienes recibidos por testamento. La imputación ocurre cuando el cónyuge o concubino ha recibido una parte de la herencia a través del testamento y esto se aplica a su legítima. Este proceso puede presentarse en dos hipótesis:

1.ª Si el cónyuge o concubino está dispensado de imputación en el testamento, recibirá tanto el fondo disponible como su porción legítima, sin que los valores del testamento afecten su legítima.

2.ª Si el cónyuge o concubino no está dispensado de imputación, lo que reciba por testamento se imputará a su legítima. En este caso, su porción legítima será absorbida por la herencia recibida, evitando que reciba más de lo que le corresponde en ambos conceptos.

El propósito de esta mecánica es garantizar que la adjudicación de los bienes se realice de manera equitativa entre los herederos legitimarios, sin que uno de ellos se beneficie desproporcionadamente. Veamos esto con un ejemplo numérico para ilustrar cómo funciona:

Ejemplo de imputación por testamento:

- **Herederos:** Cónyuge y dos hijos (3 herederos legitimarios).
- **Masa hereditaria neta:** USD 1.000.000.
- **Legítima (50%):** USD 500.000, que se divide entre los tres herederos = USD 166.666,66 por heredero.
- **Fondo disponible (fd):** USD 500.000.
- **Disposición testamentaria (dt) a favor del cónyuge sin dispensa de imputación:** USD 500.000 (dt).

Imputación:

- El cónyuge debe imputar a su legítima lo recibido por testamento, es decir, USD 166.666,66.

Adjudicaciones finales:

- **Cónyuge:** Recibe USD 500.000 (testamento), que incluye su legítima.
- **Cada hijo:** Recibe su legítima: USD 166.666,66 x 2 = USD 333.333,33.
- **Fondo residual disponible (frd):** USD 166.666,68 (legítima imputada por el cónyuge) que se reparte entre los tres herederos = USD 55.555,56 cada uno.

Herencia total repartida:

- **Cónyuge:** USD 500.000 (testamento) + USD 55.555,56 (frd) = **USD 555.555,56**.
- **Hijos:** Cada hijo recibe USD 166.666,66 (legítima) + USD 55.555,56 (frd) = **USD 222.222,22 X 2 = 444.444,44 + 555.555,56 = USD 1.000.000,00.**

En este ejemplo, el cónyuge salió favorecido por haber recibido íntegramente la porción disponible por el testamento. En contrapartida, no recibió su legítima, ya que esta fue absorbida por la adjudicación testamentaria, debido a que no estuvo dispensado de imputación. En caso contrario: de haber existido la dispensa de imputación, podría haber recibido todo el fondo disponible y su porción legítima. Luego, puede pasar también que la cuota disponible vaya dirigida a beneficiar a otro heredero o a un extraño, pues todo dependerá de la voluntad del causante.

La imputación garantiza el derecho de todos los herederos legitimarios a recibir su legítima, y que no sea tan grande la brecha entre lo que reciba el cónyuge o concubino y los demás coherederos, a menos que el causante lo haya estipulado mediante la dispensa de imputación. Esta mecánica equilibra los intereses de los herederos y ajusta la herencia conforme a las disposiciones legales y testamentarias.

Lo más relevante de esta explicación es entender cómo se satisface la legítima cuando el cónyuge o concubino heredero no ha sido dispensado de la imputación. Esto implica que la porción legítima se considera cubierta con lo asignado por el testamento, lo que conlleva a que no la tomes, o como lo refieren los entendidos "tomar de menos", solo respecto a ella.

2°) Las donaciones recibidas por el cónyuge o concubino superviviente: Ya mencionamos anteriormente que uno de los cónyuges o concubinos puede donar bienes propios al otro. Aquí la imputación funciona de manera similar al caso del testamento, con la diferencia de que, en las donaciones, la legítima se anticipa durante la vida del causante, mientras que en el testamento se materializa tras su fallecimiento.

Tanto las donaciones en vida como las disposiciones testamentarias pueden ser objeto de imputación a la legítima, a menos que el causante disponga lo contrario. La imputación es un mecanismo constante que busca equilibrar las cosas entre los herederos legitimarios, asegurándose de que las liberalidades del causante no afecten la porción que les corresponde a todos. Este "marcador" de la legítima registra todas las donaciones y herencias recibidas por testamento para llevar la cuenta de este anticipo, y así evitar que alguien se beneficie en exceso.

3°) Beneficios recibidos por capitulaciones: En las capitulaciones matrimoniales o concubinarias, además de estipular cómo se gestionará el patrimonio de la pareja, puede incluirse una cláusula donde una parte obsequia determinados bienes a la otra con motivo del matrimonio, o en el concubinato. Por ejemplo, si en las capitulaciones se establece que uno de los cónyuges recibirá USD 400.000 al casarse, esa donación será considerada a cuenta de la legítima en caso de fallecimiento del cónyuge benefactor.

Este tipo de donaciones en capitulaciones, aunque recibidas antes de la muerte del causante, también se imputarán a la legítima del cónyuge superviviente. En efecto, es como si el causante hubiera anticipado parte de su herencia al cónyuge a través de la capitulación. Aun así, el cónyuge superviviente puede seguir beneficiándose de disposiciones testamentarias sobre el fondo disponible sin afectar la equidad hereditaria entre los demás herederos.

Ese impacto de las capitulaciones se mantiene latente a lo largo de los años, esperando el momento en que el fallecimiento del causante haga necesaria su aplicación a la legítima para el reparto de la herencia. Veamos cómo funciona esto con el ejemplo mencionado:

Rubén, casado con Sara bajo capitulaciones y con dos hijos, tiene una fortuna de USD 14.000.000 sin deudas. En las capitulaciones, Rubén le obsequió a Sara una casa en el extranjero valorada en USD 4.000.000. Además, Rubén dejó un testamento donde favorecía a Sara con USD 7.000.000 y la dispensaba de imputar esa cantidad a su legítima.

Cálculo de la legítima y el fondo disponible:

1. **Herencia neta (hn):** USD 14.000.000 (sin pasivos).
2. **Adición de lo dispuesto en las capitulaciones:** USD 4.000.000, totalizando un valor de USD 18.000.000 para la masa hereditaria bruta (reunión ficticia).
3. **Legítima (l):** El 50% de la masa hereditaria, es decir, USD 9.000.000.
4. **Fondo disponible (fd):** El otro 50%, es decir, USD 9.000.000.

Distribución de la legítima:

- **Legítima por heredero:** USD 9.000.000 / 3 = USD 3.000.000 para cada heredero (Sara y sus dos hijos).

Según los deseos de Rubén, Sara recibiría:

- **Legítima:** USD 3.000.000.
- **Disposición testamentaria:** USD 7.000.000 (con dispensa de imputación).
- **Casa en el extranjero:** USD 4.000.000, recibida a través de las capitulaciones.

Esto totalizaría **USD 14.000.000** para Sara, pero este escenario afectaría la legítima de sus hijos. Por tanto, las cuentas deben ajustarse conforme a lo establecido por la ley.

Imputaciones:

- **Sara:** Debe imputar a su legítima lo que recibió en las capitulaciones. Su porción legítima es USD 3.000.000, por lo que esta cantidad se considera cubierta con los USD 4.000.000 de la casa. Por tanto, no recibe más de la legítima.
- **Hijos:** Cada hijo recibe su legítima de USD 3.000.000.

Distribución de legítimas:

- Sara = 0 (porque imputó lo recibido en las capitulaciones).
- Cada hijo = USD 3.000.000 X 2 = USD 6.000.000.

Residual del fondo disponible (rfd):

- **Cálculo:** USD 14.000.000 (hn) - USD 6.000.000 (legítimas) - USD 7.000.000 (testamento) = USD 1.000.000 de fondo disponible.
- **Distribución del residual:** USD 1.000.000 / 3 = USD 333.333,33 por heredero.

Adjudicaciones finales:

- **Sara:** Recibe USD 7.000.000 del testamento + USD 333.333,33 del fondo disponible residual, totalizando USD 7.333.333,33, y conserva la casa de USD 4.000.000 recibida en las capitulaciones. En total, Sara obtiene **USD 11.333.333,33**.
- **Cada hijo:** Recibe su legítima de USD 3.000.000 + USD 333.333,33 del fondo disponible residual, totalizando **USD 3.333.333,33** por hijo. En conjunto, ambos hijos reciben **USD 6.666.666,66**.

Herencia integral repartida:

- **Total herencia:** USD 6.666.666,66 (hijos) + USD 7.333.333,33 (Sara) = USD 14.000.000.
- **Incluyendo la partida de las capitulaciones:** USD 4.000.000 = **USD 18.000.000**.

"No todo lo que se puede contar cuenta y no todo lo que cuenta se puede contar".

—Albert Einstein

Como habrán notado, la legítima del cónyuge o concubino sobreviviente puede verse comprometida por el "efecto búmeran" que generan los bienes que recibimos durante la relación, ocupando el único espacio de resguardo que podemos defender con firmeza: la legítima. Lo que no esperábamos era que todo lo que recibíamos con agrado no era más que un adelanto de la herencia. Esto puede resultar sorprendente, sobre todo al darnos cuenta, por ejemplo, de que no fuimos los más favorecidos en el testamento, lo que puede llevarnos a preguntarnos si el causante (cónyuge o concubino) fue injusto. A simple vista, no parece serlo, ya que fue generoso durante la relación.

Paradójicamente, la insatisfacción aparece cuando, tras haber recibido mucho en vida del causante, al llegar el momento de la herencia, lo que obtenemos no se acerca a nuestras expectativas. Es ahí cuando surgen los problemas, quizás debido a desilusiones o falsas expectativas sobre la herencia. Ante esta situación, se presenta el proverbio jurídico "Dura lex, sed lex" (la ley es dura, pero es la ley). Esto provoca conflictos familiares, impugnaciones y un descalabro frente a expectativas no cumplidas. No obstante, debemos recordar que la ley busca mantener el equilibrio entre las personas que tienen los mismos derechos. Aunque cada uno tiene derecho a disponer de sus bienes como mejor le parezca, existen limitaciones, especialmente en cuanto a las sucesiones. Por ello, aunque nadie lo haya pedido, "mantener los pies en la tierra" siempre es un buen consejo. La buena noticia es que la herencia no cambia su naturaleza por la existencia de capitulaciones o gananciales.

Junto a la imputación, encontramos la figura de la colación, que busca establecer un equilibrio hereditario únicamente entre los hermanos u otros descendientes, con el objetivo de que ningún hijo se vea perjudicado frente a otro. Colacionar significa reportar los bienes recibidos gratuitamente en vida del causante. Dicho de otro modo, es la obligación de los herederos descendientes de poner en común todo lo que, de una forma u otra, recibieron como regalo en vida de su padre o madre, con el fin de lograr un reparto proporcional.

¿Significa esto que el cónyuge o concubino no tiene que colacionar? Correcto, ya que la colación busca hacer justicia entre los hijos, según el principio de que los padres no deberían mostrar preferencias entre ellos. De este modo, se pretende evitar la desigualdad entre ellos. A los cónyuges o concubinos, en cambio, se les aplica la imputación como una forma de equilibrar la balanza.

Cabe añadir que el causante tiene la opción de dispensar la colación[66]. Esto significa que, aunque los hijos están obligados a colacionar los bienes recibidos

66 Art. 1.084 del Código Civil venezolano: "Aunque el hijo o descendiente haya sido dispensado de la obligación de traer a colación lo recibido, no podrá retener la donación sino hasta el monto de la cuota disponible. El exceso está sujeto a colación".

"...la dispensa sólo es realmente eficaz cuando el resto de las disposiciones testamentarias permiten que lo donado se impute al tercio[porción] libre". GARCIA-RIPOLL, MONTIJANO, Martín: El Fundamento de la Colación y su Dispensa. Re-

gratuitamente en vida del causante, este puede eximirlos de tal obligación. Esto se aplica especialmente en donaciones formales, aquellas planificadas y escrituradas, a diferencia de los adelantos informales de bienes, que no permiten dejar por escrito una dispensa de colación[67]. Un ejemplo típico es el financiamiento de una vivienda, donde simplemente se gira el dinero al vendedor para que el inmueble quede a nombre del hijo, sin lugar para formalidades como la dispensa de colación. Sin embargo, cuando las cosas se planifican y ordenan, el causante puede especificar que el beneficiario no esté obligado a colacionar esos adelantos hereditarios, para que no sean objeto de partición.

No obstante, para que la colación sea válida, matemáticamente no se puede dispensar más allá de la cuota disponible, ya que esto implicaría invadir el terreno de la legítima, que debe respetarse siempre. Para ilustrarlo gráficamente: si consideramos un círculo dividido en dos partes iguales, una mitad representa la legítima (50%) y la otra el fondo disponible (50%). Si excedemos esta última con nuestras donaciones en vida, es probable que estemos ocupando parte de la legítima, violando el derecho de los herederos legitimarios.

Vale la pena un ejemplo que incluya la dispensa de colación:

Enrique, viudo con tres hijos: Gil, Gerardo y Valentina, en vida le compró un apartamento a Valentina valorado en USD 400.000 y, mediante un documento separado, dejó establecido que "en cualquier caso ese bien estaría dispensado de la colación hereditaria". A Gil le financió USD 300.000 para la fundación de un negocio. A su muerte, Enrique tenía USD 700.000 en líquido, considerado entonces como su herencia neta (hn). Ante este panorama, resulta interesante conocer cómo quedan los herederos, en especial Gerardo, quien no recibió nada en vida. La reunión ficticia para calcular la legítima —que incluye el haber neto más las donaciones de los últimos diez años— nos aporta los siguientes datos: USD 400.000 (Valentina) + USD 300.000 (Gil) + USD 700.000 (hn) = USD 1.400.000. De esta suma, el 50% corresponde a la legítima (l) y el otro 50% al fondo disponible (fd).

Lo primero que debemos aclarar es que Enrique no excedió el límite de su cuota disponible, ya que no donó en vida más del 50% del total ficticio. De las

---

vista ADC n.° 3. Murcia-España, 1995, pág. 1.144. En el mismo sentido GARCIA, Bernardo señala que "La dispensa de colación es la imputación de la donación a la cuota libre". La Legítima en el Código Civil. Consejo General del Notariado. Madrid, 2006, pág. 181.

67 Algunos autores opinan que la dispensa de colacionar puede documentarse de manera sencilla, y aparte de la gratuidad, es decir, mediante documento separado, aunque con las mismas formalidades que el principal. (El autor).

dos donaciones que hizo a sus hijos, solo una (la de Valentina) fue dispensada de la colación (pero no de la imputación). Lo segundo es que Gerardo, al no haber recibido ningún anticipo, buscará mejorar su posición en la herencia.

La partición sería la siguiente:

Reunión ficticia = USD 1.400.000 / 2 = USD 700.000 de legítima (l) y USD 700.000 de fondo disponible (fd). La parte de la legítima se divide entre los tres hijos, resultando en USD 233.333,33 para cada uno.

Imputaciones a la legítima:

- Valentina = USD 233.333,33 (por su anticipo).
- Gil = USD 233.333,33 (por el financiamiento recibido).
- Gerardo = USD 0 (no recibió nada en vida).

Esto deja a Gerardo como el único que recibe una asignación de USD 233.333,33 por concepto de legítima, deduciéndola del neto de la herencia (USD 700.000), quedando un residual del fondo disponible (rfd) de USD 466.666,67, que se dividirá entre los tres: USD 155.555,55 para cada uno.

Por otro lado, Gerardo y Valentina piden a Gil que colacione la donación de USD 300.000 que recibió en vida, pero Gil ya imputó a su legítima una buena parte de ese anticipo (USD 233.333,33), quedando un excedente de USD 66.666,66, que deberá dividirse entre los tres hermanos: USD 22.222,22 para cada uno. Gil decide aplicar la diferencia colacionable (USD 44.444,44) a su porción del residual del fondo disponible, resultando en USD 111.111,11.

Adjudicaciones:

- **Valentina**: USD 155.555,55 (rfd) + USD 22.222,22 (colacionados) = USD 177.777,77.
- **Gil**: USD 155.555,55 (rfd) – USD 44.444,44 (colacionados) = USD 111.111,11.
- **Gerardo**: USD 233.333,33 (l) + USD 155.555,55 (rfd) + USD 22.222,22 (colacionados) = USD 411.111,10.

Total de la herencia neta: USD 177.777,77 + USD 111.111,11 + USD 411.111,10 = USD 700.000.

Herencia integral repartida:

- **Valentina**: USD 400.000 (apartamento) + USD 155.555,55 (rfd) + USD 22.222,22 (colacionados) = USD 577.777,77.
- **Gil**: USD 300.000 (financiamiento) + USD 111.111,11 (prfd) = USD 411.111,11.
- **Gerardo**: USD 233.333,33 (legítima) + USD 155.555,55 (rfd) + USD 22.222,22 (colacionados) = USD 411.111,10.

Total herencia integral repartida: USD 1.400.000.

Este resultado podría parecer injusto, pero se debe tener en cuenta que Valentina fue favorecida por la voluntad de su padre "de no colacionar", recibiendo una parte importante de lo que Enrique podía disponer libremente, además de su porción en la partición y su parte proporcional en la colación realizada por su hermano Gil.

Es importante señalar que, por la dispensa de colación, el bien de Valentina no se cuenta para la partición; su valor fue considerado únicamente para el cálculo de la legítima y la cuota disponible (reunión ficticia). Además, la dispensa de colación no implica la exoneración de la imputación, ya que ambas figuras tienen funciones diferentes. La colación busca equilibrar entre hermanos, mientras que la imputación garantiza que todos los legitimarios reciban su porción legítima, incluido el cónyuge o concubino heredero.

¿Cómo y cuándo podemos ver en escena a la colación? En principio, cada vez que el causante en vida haya beneficiado a unos hijos más que a otros a través de gratuidades directas, como donaciones, o en operaciones con apariencia de donación (por ejemplo, ventas simuladas de padres a hijos). Sin embargo, la colación es optativa; los herederos descendientes pueden partir lo que haya quedado con el mecanismo de imputación a la legítima para que se respete esa porción sagrada a quienes no la hayan recibido anticipadamente. Adicionalmente, estos mismos herederos pueden optar por la colación, buscando un reparto proporcional entre ellos. Dicho de forma simple: aunque siempre se deben realizar las imputaciones pertinentes, los hermanos pueden pedirse colación mutuamente para hacer entre ellos repartos proporcionales de lo colacionado o, por diversas razones, decidir no pedirla.

Para entender mejor la colación, es importante contrastarla con la imputación. Recordemos que cuando apelamos a la imputación a la legítima, lo hacemos con la intención de evitar perjuicios a los herederos inmediatos, de manera que esa sagrada cuota se considere conferida, incluso si fue anticipada con algún adelanto en vida del causante. De esta forma, se garantiza el mismo derecho a aquellos herederos que no hayan sido favorecidos previamente.

Entonces, en toda sucesión, acudimos primero al cálculo de la legítima, y luego realizamos las imputaciones respectivas. Una vez logrado este resultado general en la partición, aún pueden quedar cuentas por ajustar entre los hermanos debido a que algunos fueron favorecidos más que otros en vida. En esta situación, la colación se presenta como un mecanismo que interviene en la partición, permitiendo que, después de obtener ese cierre general, se ajusten las cuentas entre hermanos para lograr un equilibrio, a menos que haya una dispensa de colación por parte del causante.

Dado que la colación busca rescatar bienes para que vuelvan a la masa hereditaria y permitir así una división proporcional únicamente entre hermanos u otros descendientes, podríamos preguntarnos: ¿no sería más simple acudir directamente a la partición mediante la colación, sin tener que realizar el cálculo de la legítima e imputaciones? Veámoslo con un ejemplo:

El Sr. Lorenzo Crespo, viudo de Eugenia Fuenmayor, falleció dejando un haber neto de USD 200.000. En vida donó a su hijo Luis un inmueble valorado en USD 300.000 y a su hija Ana María le financió un negocio por USD 400.000. Su último hijo, Rafael, no recibió ninguna ayuda anticipada.

Parece simple que Rafael pida a sus hermanos traer a colación lo que recibieron en vida, sumar todo y dividirlo en partes iguales, sin recurrir a cálculos más complicados como la legítima e imputaciones. Es decir: USD 200.000 (haber neto) + USD 300.000 (inmueble de Luis) + USD 400.000 (financiamiento a Ana María) = USD 900.000, y dividir esa suma entre tres, resultando en USD 300.000 para cada uno. Sin embargo, no es tan simple, ya que hay que considerar ciertas circunstancias que pueden complicar la partición en el supuesto de que no sea posible la colación. Por ejemplo, el bien donado puede perecer sin culpa del donatario, en cuyo caso este heredero no tendría la obligación de colacionar. También, el donatario podría renunciar a la herencia, lo que eliminaría su obligación de colacionar. Otra posibilidad es que el bien donado haya sido enajenado o que el donatario se encuentre en estado de quiebra.

Ante estos eventos, ¿cómo quedaría la legítima? Obviamente, podría verse menguada o incluso inexistente. Por lo tanto, la legítima no puede depender de la colación, ya que esta podría no garantizarla. Esto sucedería si se recurre únicamente al reparto proporcional mediante la colación y no se sigue el proceso de partición con sus reglas propias, como el cálculo de la legítima y las correspondientes imputaciones para que ella quede garantizada.

Adicionalmente, es importante mencionar que la colación también es facultativa, por lo que no puede beneficiar a quien no la ha solicitado, lo que igualmente puede romper la deseada proporcionalidad entre hermanos. Expliquemos esto con un ejemplo usando los mismos personajes del caso anterior:

Rafael le pide a Ana María que traiga a colación la donación que le hizo su padre, por USD 400.000, pero no solicita lo mismo respecto a Luis, quien recibió USD 300.000. Aun así, deben seguirse las reglas de la partición. Se comienza calculando la legítima, sumando el haber neto a todo lo anticipado en los últimos diez años de vida del Sr. Lorenzo Crespo: USD 200.000 (haber neto) + USD 400.000 (donación a Ana María) + USD 300.000 (donación a Luis) = USD 900.000. La mitad, es decir, USD 450.000, es la legítima (L), y la otra mitad es el fondo disponible (FD). La legítima se divide entre los tres herederos: USD 150.000 para cada uno.

Imputaciones:

- Ana María y Luis imputan USD 150.000 a su legítima.
- **Fondo disponible y monto colacionable:**
- Rafael recibe su legítima de USD 150.000. Esto deja un remanente de USD 50.000 del haber neto (USD 200.000), que se convierte en el residual del fondo disponible (RFD), dividido en partes iguales: USD 16.666,66 para cada uno. Además, hay que considerar lo colacionado por Ana María a instancia de Rafael, deduciendo la porción ya imputada a su legítima: USD 400.000 – USD 150.000 = USD 250.000. Esa cantidad se divide entre los tres, pero solo beneficia a Rafael, quien solicitó la colación. Entonces, Rafael recibe USD 150.000 (legítima) + USD 16.666,66 (residual del fondo disponible) + USD 83.333,33 (colacionados) = USD 250.000.

Herencia integral repartida:

- **Ana María:** USD 16.666,66 (RFD) + USD 400.000 (anticipo hereditario) – USD 83.333,33 (porción de Rafael en la colación) = USD 333.333,33.

- **Luis:** USD 16.666,66 (RFD) y conserva su donación de USD 300.000 (inmueble no solicitado en colación) = USD 316.666,66.
- **Rafael:** USD 150.000 (legítima) + USD 16.666,66 (RFD) + USD 83.333,33 (colacionados) = USD 250.000.

Total: USD 900.000.

Herencia neta repartida:

- Ana María: USD 16.666,66 (RFD).
- Luis: USD 16.666,66 (RFD).
- Rafael: USD 150.000 (legítima) + USD 16.666,66 (RFD).

Total: USD 200.000.

Este ejemplo muestra que, incluso cuando hay colación, no se logra una partición proporcional en el sentido estricto de la palabra. La colación es una incidencia dentro de la partición, pero no puede considerarse una partición en sí misma. Es necesario primero determinar la masa hereditaria mediante la reunión ficticia para calcular la legítima, y no simplemente sumar los haberes. Esto muestra que la colación por sí sola no es suficiente para realizar una partición adecuada.

Otro dato interesante es que la colación procede incluso cuando la legítima no se ve afectada. Esto significa que, aun respetándose esa porción inalienable, todavía puede haber una discusión adicional entre hermanos en búsqueda de proporcionalidad respecto de lo recibido en vida del causante. Veamos un ejemplo para ilustrarlo mejor:

Ana Sofía, viuda del Sr. González, con quien estuvo casada con capitulaciones, tiene dos hijos: Paula y Marco. En vida, el Sr. González donó a su hijo Marco un apartamento valorado en USD 340.000 y dejó un líquido de USD 350.000 como haber hereditario neto (HHN). La primera operación es determinar la legítima (L) mediante la reunión ficticia. Para ello, sumamos esos valores: USD 340.000 + USD 350.000 = USD 690.000. La mitad de esta cantidad, USD 345.000, es la legítima (L), y la otra mitad, USD 345.000, será el fondo disponible (FD).

Distribución de la legítima (L): USD 345.000 / 3 = USD 115.000 para cada uno.

Imputaciones: Marco imputa USD 115.000 a su legítima, lo cual es parte del valor del apartamento que recibió. Al haber hereditario neto (USD 350.000) le restamos los montos de legítima que corresponden a Ana Sofía (cónyuge) y a Paula (hija), es decir, USD 115.000 x 2 = USD 230.000. Esto deja un residual de fondo disponible (RFD) de USD 120.000, que se divide en partes iguales entre los tres herederos: USD 40.000 cada uno.

Adjudicaciones:

- **Marco (hijo):** recibe USD 40.000 (RFD) y conserva su apartamento.
- **Ana Sofía (cónyuge):** recibe USD 115.000 (L) + USD 40.000 (RFD) = USD 155.000.
- **Paula (hija):** recibe USD 115.000 (L) + USD 40.000 (RFD) = USD 155.000.

Total, herencia integral repartida:

- USD 40.000 (Marco) + USD 155.000 (Ana Sofía) + USD 155.000 (Paula) = USD 350.000.

Si a este resultado le sumamos el valor del apartamento de Marco (USD 340.000), la herencia total repartida es de USD 690.000.

Marco podría decir: "Bueno, asunto arreglado". Sin embargo, Paula le responde: "No, Marco. Ahora debes traer a colación ese apartamento para que lo dividamos entre nosotros", y Marco replica: "Pero Paula, ya dejé de tomar mi legítima, ¿cómo lo hacemos?". La solución es que el asunto no puede cerrarse hasta que ese bien no sea traído a colación, ya que no gozaba de dispensa. Es evidente que el Sr. González, aunque parecía haber mejorado a su hijo Marco, en realidad no lo hizo; de lo contrario, lo habría dispensado de colación. No fue su intención favorecer a un hijo sobre el otro.

Por lo tanto, no pueden dividir los USD 340.000 íntegramente entre los dos hermanos, ya que Marco imputó USD 115.000 del valor de su apartamento a su legítima. Este valor debe descontarse, y el saldo restante sí puede dividirse entre él y Paula: USD 340.000 – USD 115.000 = USD 225.000, que se divide entre ambos: USD 112.500 para cada uno.

Ambos hermanos concordaron sobre sus porciones, y así permanecieron en buenos términos hasta la vejez.

Este ejemplo nos muestra cómo puede realizarse una partición acompañada de colación de bienes, aun cuando la legítima no estaba en juego. Esto es porque la colación no tiene como objetivo proteger la legítima, sino buscar proporcionalidad entre los hermanos. Al contrario, la imputación sí tiene como fin garantizar la legítima.

Un detalle importante que no podemos pasar por alto en el contexto de la colación es que también podemos encontrarnos con el término "imputación". Sin embargo, en este caso, no está relacionado con la garantía de la porción legítima, sino como un mecanismo facilitador para la partición entre descendientes (lo que se denomina colación por imputación). Resultaría ineficaz o absurdo traer un bien a colación cuando su valor puede simplemente imputarse a la porción del heredero que ya lo posee. Finalmente, es potestad de quien debe colacionar decidir si lo hace en especie o por imputación.

Como pueden notar, es más una cuestión de semántica, o tal vez una confusión provocada por la ley al emplear el mismo término para dos circunstancias completamente diferentes.

Al margen de la imputación y la colación, se admite que en una partición siempre puede discutirse, como mínimo, la legítima. Por ejemplo:

Pedro Castellanos, viudo, con dos hijas: Emiliana y Martina, dejó un haber hereditario neto (HHN) de USD 300.000. En vida, había donado USD 300.000 a su amiga Cristina. Para proceder con el cálculo de la legítima, acudimos a la reunión ficticia, sumando todo lo que el Sr. Castellanos dispuso en los últimos diez años de su vida: USD 300.000 (HHN) + USD 300.000 (donación) = USD 600.000. De este total, la mitad (USD 300.000) representa la legítima (L), y la otra mitad (USD 300.000) constituye el fondo disponible (FD). La legítima, entonces, es de USD 300.000 / 2 = USD 150.000 para cada hija.

En este caso, no hay imputaciones porque la donación fue hecha a un tercero, no a un heredero legitimario.

Adjudicaciones:

- Emiliana recibe USD 150.000 (L).
- Martina recibe USD 150.000 (L).

El total de la herencia neta distribuida es de USD 300.000.

Además, no hay colación en este caso porque esta solo puede pedirse entre descendientes (hijos, nietos, etc.) que concurran a la sucesión, no a terceros.

En este ejemplo, podemos ver cómo el Sr. Pedro Castellanos, aunque dispuso de parte de sus bienes en vida, no sobrepasó la cuota disponible, lo que redujo la partición a la legítima.

> *"La filosofía ha encontrado que lo temporal no siempre es pasajero, ni lo establecido es eterno".*
>
> —*Frase anónima*

Cuando hablamos de problemas con la herencia, generalmente se deben a excesos que quiebran la ecuación, y es en estos casos donde aparece la figura de la reducción[68]. La reducción corrige el sobregiro tanto en testamentos como en donaciones que sobrepasan el fondo disponible, afectando así la legítima de los herederos. La reducción, como su nombre lo indica, elimina el exceso que el causante dispuso más allá de su cuota disponible. Recordemos que el fondo disponible es la porción que puede manejar el causante libremente, y cualquier exceso sobre esa cantidad afectará la legítima.

En términos simples, si la legítima y el fondo disponible representan cada uno el 50% del total de la herencia, un exceso en el fondo disponible afectará necesariamente la legítima, salvo que ese exceso corresponda a la legítima de uno de los herederos. Si el causante dispone de más de lo permitido en el fondo disponible,

---

68 "La acción de reducción es el medio legal que sirve para completar la cuota legítima, lesionada por la voluntad del causante: es el medio legal mediante el cual se garantiza la integridad de la legítima". (HADDAD S., Jean Ch: Estudios sobre la Legítima en el Derecho Civil Venezolano. Fabretón, 1991, pág. 117 y ss.).
"Refiere López Herrera que la ley concede al legitimario dos acciones: la de reducción de las disposiciones de última voluntad que afecten la legítima y la reducción de las donaciones efectuadas por el de cujus en los diez últimos años de su vida, lesivas de la porción disponible de la herencia" (DOMÍNGUEZ GUILLÉN, María Candelaria. Manual de Derecho Sucesorio. RVL&J. Caracas-Venezuela (2019). Págs. 525-526).

la legítima se verá comprometida, y entonces la reducción eliminará ese exceso; ¡y, asunto arreglado!

Veámoslo con un ejemplo:

La Sra. Mendoza, casada con Julio César Marcano bajo capitulaciones, tiene dos hijos, Pablo y Guillermo, y una fortuna neta de USD 5.000.000. En vida, compró a su hijo Guillermo un apartamento valorado en USD 400.000, y en su testamento dejó a su esposo Julio César USD 4.000.000. En apariencia, Pablo parece haber sido menos favorecido.

Para determinar la **legítima**, sumamos el activo hereditario neto y las donaciones que la Sra. Mendoza realizó en los últimos diez años: USD 5.000.000 + USD 400.000 = USD 5.400.000. La legítima (L) es la mitad de esta suma: USD 2.700.000, lo que implica que cada heredero tiene derecho a USD 900.000. El **fondo disponible** es también de USD 2.700.000.

Imputaciones:

- **Julio César** debe imputar [aplicar] sobre su legítima lo que se le dejó por testamento. Los USD 900.000 se entienden incluidos en el testamento, por lo que no recibe esa cantidad en efectivo.
- **Guillermo** debe imputar el valor del apartamento (USD 400.000), lo que significa que le restan USD 500.000 por recibir de su legítima.
- **Pablo** no tiene imputaciones, ya que no recibió nada en vida de su madre.

Adjudicaciones por legítimas:

- Guillermo (h) recibe USD 500.000 de su legítima.
- Pablo (h) recibe USD 900.000 de su legítima.
- Julio César (c) no recibe nada más por legítima.

El total de legítimas suma USD 1.400.000. Si restamos esa cantidad de la herencia neta (USD 5.000.000), nos queda un fondo de USD 3.600.000. Dado que el testamento de la Sra. Mendoza establecía que Julio César recibiría USD 4.000.000, pero ese monto excede el fondo disponible, se reduce a USD 3.600.000.

En total, la herencia queda distribuida de la siguiente manera:

- Guillermo (h): USD 500.000 de la legítima, más el anticipo del apartamento (USD 400.000), sumando un total de USD 900.000.
- Pablo (h): USD 900.000 de la legítima.
- Julio César (c): USD 3.600.000 de la disposición testamentaria reducida.

La suma es de USD 5.000.000. Con la herencia integral ascendiendo a USD 5.400.000, al incluir las donaciones hechas en vida.

Adviertan que hubo dos cantidades comprometidas: en primer lugar, los USD 900.000 correspondientes a Julio César (c), quien, debido al testamento, tuvo que aplicar esa cantidad sobre su legítima. Así, su asignación testamentaria también fue considerada a cuenta de su legítima. En segundo lugar, están los USD 400.000 correspondientes a Guillermo (h), que de igual modo fueron imputables contra su legítima. Vale la pena notar la diferencia entre ambas imputaciones: en el caso de Guillermo, la imputación fue material, ya que él poseía el bien imputado (el apartamento), mientras que Julio César no detentaba la cantidad del testamento, sino que estaba por recibirla. Por lo tanto, contablemente "tomó de menos", aunque sigue siendo imputación en cualquier caso.

Al mismo tiempo, destacan algunos puntos importantes: por un lado, con la imputación a la legítima tanto de los hijos como del cónyuge/concubino, al igual que con la reducción del exceso en la cuota disponible, se garantiza al menos la porción mínima de reserva para los herederos (la legítima). Por otro lado, queda claro que el causante tiene la libertad de testar, aunque con las restricciones que establece la ley. En el caso de la Sra. Mendoza, al haber dispuesto en su testamento que Julio César recibiría USD 4.000.000, esa cantidad fue reducida a USD 3.600.000 para no vulnerar la legítima de los otros herederos. Esto no significa que el testamento sea nulo, sino que está sujeto a reducción para evitar que afecte la legítima de los demás legitimarios.

Algo curioso: ¿por qué no se tomó en cuenta el monto del testamento en la reunión ficticia? La respuesta es que las donaciones representan hechos cumplidos y concretos, útiles para el cálculo de la legítima y del fondo disponible. En cambio, el testamento es solo una intención futura, que ni suma ni resta para dicho cálculo, ya que todavía no se ha materializado al momento de la muerte del causante.

La pregunta que quizá genere más polémica en torno a las reducciones sería ¿cómo quedan los terceros que hayan recibido donaciones del causante? En caso de que la herencia no alcance para cubrir la legítima, habrá que reducir también las donaciones recibidas por terceras personas en los últimos diez años de vida del causante. Puede parecer injusto y hasta arbitrario, pero lo legítima, por ser de orden público, hay que garantizarla a toda costa.

Es también importante destacar que, en caso de una reducción por exceso de liberalidades, las disposiciones testamentarias se ajustan antes que las donaciones en vida. Esto es porque existe una mayor presunción de justicia en las donaciones ya consumadas que en los cambios de última hora en el testamento, que podrían sugerir favoritismo.

En síntesis, figuras como la colación, la imputación y la reducción, cada una con su rol diferenciado, al ser combinadas con la voluntad del causante, logran garantizar los derechos hereditarios. La herencia funciona como una ecuación, donde la legítima siempre será una especie de constante que se procura asegurar a través de la imputación, ya sea de las gratuidades recibidas en vida del causante o de lo conferido por testamento. Paralelamente, cuando los hijos entran en discusión, puede operar la colación si hubo un favorecimiento en vida hacia alguno de ellos, con el objetivo de lograr un reparto proporcional. Si existe un exceso sobre la cuota disponible, ya sea por donaciones o mediante un testamento, se aplica la reducción hasta conseguir garantizar esa cuota legítima. Todos los caminos conducen a Roma, pero lamentablemente en muchos casos terminan en un tribunal, algo que sería ideal evitar.

"Pleito claro, no necesita abogado".

—Refrán español

Por décadas, el asunto sucesoral ha generado una constante disputa entre quienes defienden la vocación hereditaria del cónyuge/concubino capitulado y quienes la niegan. Estos últimos se basan en un aspecto normativo que se refiere a la legítima como la cuota de la herencia que se debe en plena propiedad, entre otros herederos, al cónyuge sobreviviente que no esté separado legalmente de bienes. Entonces, ¿aquel que se encuentre separado legalmente de bienes no tiene derecho a la herencia? ¡Esto merece una aclaración! No debemos confundir las capitulaciones con un mecanismo de partición de bienes, lo cual sería ilógico, ya que no se puede partir lo que nunca se ha tenido de manera compartida. Una cosa es el deslinde de ingresos, que evita la confusión patrimonial, y otra muy distinta es separar bienes que se tenían en comunidad. Las capitulaciones, desde una perspectiva conceptual, mantienen los bienes separados desde el momento en que se opta por este sistema patrimonial, pero no constituyen un inventario de bienes mancomunados de los que puedan surgir adjudicaciones, como sucede en la separación de cuerpos y bienes, aplicable únicamente en la comunidad de gananciales.

Este inciso refuerza la visión de las capitulaciones como opción patrimonial en el matrimonio o concubinato, ya que la vocación hereditaria, jamás puede ser descartada. Su razón de ser está inspirada en valores que trascienden cualquier sistema económico que se elija para regir la relación. No hay motivo para pensar que las capitulaciones desvirtúan la promesa de una vida compartida, en todo sentido; si no, la discusión tendría que ser otra. La razón para instituir al cónyuge/concubino capitulado como heredero legítimo es similar a la que existe en relación con los hijos, basada en el vínculo familiar. ¿Acaso las parejas dejan de ser familia por el hecho de haber optado por capitulaciones? Esto es completamente independiente. De hecho, la ley misma reconoce el carácter de legitimario del cónyuge capitulado, al exigirle que impute a su legítima lo que haya recibido mediante capitulaciones.

El núcleo de la cuestión radica en la fuente de este derecho a suceder de manera forzosa, que nace y se mantiene con el matrimonio o el concubinato, salvo en los casos de separación de cuerpos y bienes, ya sea amistosa o contenciosa, siempre y cuando no haya reconciliación. Desde luego, una persona separada legalmente de cuerpos y bienes no puede heredar a quien, por estar pendiente el divorcio, sigue siendo su cónyuge, ¡no faltaba más! Esto solo sucede en la comunidad de gananciales, ya que en capitulaciones no hay bienes comunes que separar, solo un acuerdo patrimonial que establece lineamientos. En definitiva, las razones que sustentan la herencia no cambian según el régimen patrimonial del matrimonio o el concubinato, pues la esencia de la relación sigue siendo la misma[69].

---

69 En buena medida podrá entenderse que la vocación hereditaria-legitimaria del cónyuge en capitulaciones y en gananciales es igual, relacionando las siguientes normas de nuestro Código Civil:
El artículo 883 del Código Civil vigente, que establece: "La legítima es una cuota de la herencia que se debe en plena propiedad a los descendientes, a los ascendientes y al cónyuge sobreviviente que no esté separado legalmente de bienes, con arreglo a los artículos siguientes". (...).
El artículo 823 del mismo texto, que señala lo siguiente: "El matrimonio crea derechos sucesorios para el cónyuge de la persona de cuya sucesión se trate. Estos derechos cesan con la separación de cuerpos y de bienes sea por mutuo consentimiento, sea contenciosa, salvo prueba, en ambos casos, de reconciliación".
Y, por último, lo que reseña el artículo 887 ejusdem: "Se imputarán al cónyuge sobre su legítima, además de todo lo que se le haya dejado por testamento, todo cuanto haya adquirido por las capitulaciones matrimoniales y por donación, y a los demás legitimarios, todo cuanto hayan recibido en vida del de cujus o por testamento del

"Hay que mirar bien las piedras antes de pisar".

—Frase anónima

Definitivamente, no hay mayor seguridad que la que proviene de uno mismo; no es una simple opinión, sino una cuestión de sentido de supervivencia. La herencia, en ocasiones, puede ser un terreno oscuro donde "caras vemos, corazones no sabemos", y es que, ante la muerte, el cónyuge o concubino nunca hereda solo. Si hay hijos, hereda con ellos; si no, hereda con los padres del fallecido. Y si no es con estos, será con los hermanos del cónyuge o concubino. Lo curioso es que, en estos últimos casos, la herencia se divide fifty-fifty entre el cónyuge sobreviviente y los suegros o cuñados. ¡Qué certeza tan incierta! Moraleja: cuando se trata de lo que no proviene de ti, puedes ser optimista, pero sin dejar de ser pesimista. Y aunque las capitulaciones no sean la panacea para salir del enredo sucesoral, al menos aseguran que tu patrimonio personal se mantenga resguardado, lo cual ya es bastante. Puedes acudir directamente a la partición sucesoral, sin tener antes que partir bienes compartidos. En conclusión, si estás casado o vives en concubinato bajo capitulaciones, tienes derecho a heredar a tu cónyuge o concubino.

Para cerrar este ciclo relacionado con la herencia del cónyuge o concubino, es importante tener claro lo siguiente:

- Que una cosa es la herencia y otra el patrimonio conyugal o concubinario, el cual debe dividirse previamente.
- Que las gratuidades recibidas en vida del causante son anticipos hereditarios para los herederos legitimarios.
- Que la legítima se calcula mediante un ejercicio contable (ficticio o imaginario) que incluye el haber a la hora de la muerte, deduciendo luego el pasivo, más las gratuidades protagonizadas por el causante en sus últimos diez años de su vida (en ese orden).
- Que la herencia bruta tiene dos partes: un 50% que corresponde a la legítima y otro 50% al fondo disponible.
- Que la imputación da por satisfecha la legítima de los herederos forzosos que recibieron gratuidades en vida del causante, y lo mismo aplica para aquellos que recibirán bienes por testamento, de modo que no se reciba dos veces el mismo concepto.

---

mismo, y que esté sujeto a colación, de acuerdo con lo dispuesto en la Sección IV, Capítulo III de este Título". (Subrayado del autor).

- Que el cónyuge o concubino puede ser dispensado de imputar a su legítima tanto lo que reciba por testamento como lo recibido en vida del causante, y en estos casos, lo conferido se entenderá otorgado exclusivamente contra el fondo disponible.
- Que, si el fondo disponible es sobrepasado al punto de afectar la legítima de los demás legitimarios, se recurrirá a la reducción hasta que aquella sea satisfecha.
- Que la reducción primero deja sin efecto cualquier disposición testamentaria, y luego, por orden de antigüedad, cualquier donación, con el objetivo de reivindicar la cuota que debe respetarse para cada heredero legitimario.
- Que no serán válidos los pactos que hagan los cónyuges o concubinos para negociar, de cualquier forma, la herencia de ambos.

Las capitulaciones insustanciales

"A palabras necias, oídos sordos".

—Refrán popular

Hay que tener cuidado al redactar los capítulos del contrato patrimonial. No debemos limitarnos a repetir lo que ya dice la ley: "esto es mío porque lo adquirí en soltería; aquello porque lo heredé de mi madre", y luego agregar que, en lo demás, los cónyuges o concubinos seguirán el régimen de gananciales.

A menudo se observan supuestas capitulaciones que evidencian el afán por establecer una separación patrimonial, donde se enumeran los bienes que ambos o alguno de los dos poseía antes de iniciar la relación matrimonial o concubinaria, con la intención de dejar claro que estos seguirán siendo propios. Algo similar ocurre cuando se establece que los bienes adquiridos mediante la enajenación de otros que se tenían antes del matrimonio o del inicio del concubinato serán de la exclusiva propiedad de quien los adquiera. Eso sería simplemente repetir lo que ya establece la ley, ya que para ese escenario existe un marco legal específico ("De los Bienes Propios de los Cónyuges"[70]), comentado previamente en el capítulo correspondiente. Con este tipo de inadecuadas expresiones no estaríamos creando verdaderas capitulaciones, sino que se pierde la oportunidad de capitular correctamente debido a la ineficacia del diseño contractual, cuyas estipulaciones no tendrán validez jurídica, dando paso directo al régimen legal supletorio: la comunidad de gananciales.

---

70 Código Civil venezolano: Capítulo XI. De los Efectos del Matrimonio. Sección II. Del Régimen de los Bienes. Parágrafo Tercero, De los Bienes de los Cónyuges. Primera Parte. "De los Bienes Propios de los Cónyuges".

Es frecuente encontrar este tipo de desatinos en declaraciones que, primero, describen los bienes que son propios de los contrayentes o cónyuges/concubinos, y luego afirman que dichos bienes no formarán parte del patrimonio común de la relación. Con esto, los contratantes creen haber expresado su voluntad de que imperará una individualización patrimonial, pero en realidad, estas declaraciones son superfluas. No se trata de redactar un documento de venta con especificaciones de medidas y linderos; lo que importa es conceptualizar y definir el destino de los ingresos y bienes futuros. Por eso, optar por un régimen de patrimonios separados indeterminable no significa necesariamente que se hayan celebrado auténticas capitulaciones matrimoniales.

Por otra parte, algunos opinan que el régimen legal supletorio (comunidad de gananciales) puede aplicarse cuando los cónyuges o concubinos, en las disposiciones de las capitulaciones, incluyen declaraciones que parecen invocar su aplicación. Al respecto, consideramos que es una cuestión de semántica. El hecho de mencionar términos propios del sistema de gananciales no implica que debamos necesariamente sujetarnos a este. Tampoco supone que puedan coexistir ambos sistemas, sino que las capitulaciones pueden tomar particularidades del otro. Al optar por un sistema patrimonial, estamos descartando automáticamente el otro, aunque podemos acordar un régimen con ciertas características del sistema de gananciales. En todo caso, es necesario evaluar, frente a situaciones específicas, si conviene adoptar algunas nociones de ese régimen.

Por ejemplo, Francisco podría pactar con su novia María, o estando ya casados, que la renta de los bienes exclusivos siempre será propia, mientras que el resto de los ingresos formarán parte del patrimonio común. Esto no implica que estén coexistiendo ambos regímenes (gananciales y capitulaciones), ya que necesariamente uno descarta al otro.

En Venezuela, se reconoce la libertad contractual de los cónyuges o concubinos en materia patrimonial, ya que se ha acogido el principio de la *autonomía de la voluntad* (glos.). Por lo tanto, nada impide que, en ese diseño contractual, se puedan reglamentar ciertos asuntos basándose en parámetros propios de los gananciales. Sin embargo, esto debe hacerse de manera puntual y no de forma genérica, para no crear la ilusión de que ambos regímenes coexisten dentro del mismo contrato, sino más bien integrando aspectos sin perder el carácter contractual.

¡Qué bien dijo aquel que dijo, cuando dijo lo que dijo!

—Frase anónima

Lo que interesa seguir comentando sobre este tema es la frecuente insuficiencia de los contratos prenupciales que no logran cobrar vida propia, es decir, se pretende delimitar demasiado y se consigue el efecto contrario. Como mencionamos antes, resulta innecesario describir los bienes que precedieron a la relación matrimonial o concubinaria, enfatizando que mantendrán su condición de bienes propios. Esto no constituye un pacto, ya que no se estaría estableciendo nada nuevo, dado que la ley ya lo señala así. La atención debe centrarse en el patrimonio futuro, que puede estar relacionado con bienes propios o privativos, por ejemplo, las rentas generadas por esos bienes o su aumento de valor debido a mejoras.

Siguiendo esta premisa, una cláusula adecuada podría decir algo como: "Serán bienes privados de cada cónyuge las rentas y frutos que produzcan los bienes adquiridos antes del matrimonio o concubinato y su aumento de valor, independientemente del origen de la inversión en el reacondicionamiento." Esto es importante porque, en nuestra normativa – que no es otra que el Código Civil –, ni las rentas ni el aumento de valor de esos bienes por mejoras, se consideran propios, ya que se tratan como gananciales. Así, si no se añade nada en el contrato capitular que regule la separación o participación de los bienes, y solo se enfoca en los bienes adquiridos antes de la relación, queda el camino abierto para que se apliquen las reglas del sistema legal de gananciales, pues en realidad no se estaría pactando nada.

Tampoco el enfoque puede ser puesto en un solo aspecto, como una cláusula relativa a las rentas y frutos de bienes propios, sin abordar nada más. Esto suele ocurrir cuando se busca preservar un único negocio o un bien específico, como una empresa específicamente o una marca comercial. Sin embargo, no podemos limitarnos a eso, ya que desdibujaríamos la verdadera intención de este contrato patrimonial. Un régimen no se refiere únicamente a un rubro o negocio particular, sino a un marco normativo integral. Debemos regular también la situación de los pasivos, la titularidad de los inmuebles que ingresen a la relación, entre otros aspectos. No porque nuestro interés esté en un tema específico podemos dejar de regular los demás elementos del patrimonio matrimonial o concubinario, ya que esto afectaría la eficacia del contrato de capitulaciones.

Los bienes en el concubinato

"Tanto nadar para morir en la orilla"

—*Dicho popular*

A primera vista, pareciera que para evitar las complicaciones del matrimonio, la decisión más salomónica sería no casarse y así eludir el andamiaje patrimonial que este conlleva. Sin embargo, ¡no es tan simple! Este asunto patrimonial nos persigue como un cazador a su presa. A pesar de lo que muchos piensan, es importante advertir que desde las uniones de hecho estables —siendo el concubinato una de sus formas— comienzan a surgir derechos patrimoniales muy semejantes a los del matrimonio. Entonces, ¿en materia patrimonial da lo mismo estar o no casado? Desde luego que sí, se corre la misma suerte. ¿Y hace falta una constancia de concubinato? No es indispensable, ya que, en su ausencia, se puede obtener el reconocimiento judicial. Esto no es más que una sentencia de un tribunal que declare la existencia del concubinato y la fecha de su inicio, lo cual es clave para que surta los mismos efectos legales. Este detalle sobre la fecha de inicio de la relación es crucial, ya que permite demarcar los límites patrimoniales y los lazos familiares.

La figura del concubinato ha registrado una amplia escalada jurídica en nuestra era, tanto que muchos consideran que el matrimonio ha pasado a ser una entelequia. Sería interesante indagar sobre esto para ponderar el enfrentamiento de estos "titanes". Hoy en día, muchas personas se preguntan sobre la suerte patrimonial en el transcurso de una relación que no cuenta con la formalidad del matrimonio. Se preguntan qué puede hacer el concubino para proteger el caudal común, cómo evitar que cualquiera de los dos enajene un bien determinado sin el consentimiento del otro, o cómo reclamar la revalorización por mejoras de bienes propios. Todo esto, ante la expectativa de que dichos bienes formarían parte de una masa patrimonial que podría ser objeto de partición si la relación concubinaria llegase a su fin. Las respuestas pueden encontrarse, por un lado, en la propia Constitución Nacional, que establece que estas uniones estables de hecho producen los mismos efectos que el matrimonio[71], y por otro lado, en el Código Civil, que presume la existencia de una comunidad de gananciales en aquellas uniones no matrimoniales[72], a menos que se demuestre lo contrario.

Aunque no es nuestra intención entrar en el arte de interpretar normas legales, este delicado tema así lo exige; así que lo haremos de la manera más sencilla posible. La norma constitucional reconoce el concubinato y lo eleva al nivel del matrimonio siempre que se cumplan los requisitos legales. ¿De qué requisitos estamos hablando? Fundamentalmente, de la convivencia permanente, de modo que implique una relación consagrada, y, obviamente, de que ambos sean solteros o divorciados. Si alguno está casado, el concubinato queda automáticamente descartado, sin importar que hayan convivido treinta años; una cosa excluye a la otra.

En cuanto al régimen patrimonial, no hace falta profundizar demasiado para entender que quienes vivan en concubinato estarán regidos por la comunidad de gananciales.

¿Puede hablarse de la existencia de varias relaciones concubinarias al mismo tiempo? Aquí es necesario diferenciar entre el concubinato formalmente constituido y una simple situación de hecho. La primera hipótesis se refiere al registro del concubinato como estado civil[73], lo cual puede hacerse en el registro

---

71 Constitución de la República Bolivariana de Venezuela. Artículo 77: "Se protege el matrimonio entre un hombre y una mujer, fundado en el libre consentimiento y en la igualdad absoluta de los derechos y deberes de los cónyuges. Las uniones estables de hecho entre un hombre y una mujer que cumplan los requisitos establecidos en la ley producirán los mismos efectos que el matrimonio".

72 Código Civil venezolano. Art. 767: "Se presume la comunidad, salvo prueba en contrario, en aquellos casos de unión no matrimonial, cuando la mujer o el hombre en su caso, demuestre que ha vivido permanentemente en tal estado aunque los bienes cuya comunidad se quiere establecer aparezcan a nombre de uno solo de ellos. Tal presunción sólo surte efectos legales entre ellos dos y entre sus respectivos herederos y también entre uno de ellos y los herederos del otro. Lo dispuesto en este artículo no se aplica si uno de ellos está casado".

73 Puede que la mención "estado civil" del concubinato llame la atención de los expertos por cuanto una decisión de la S. Const. del TSJ (n.° 1682 del 15 de julio de 2005) apuntó que el concubinato no podía considerarse un estado civil sino un concepto jurídico: "El estado civil surge de unas manifestaciones de voluntad formales contenidas en las actas del estado civil..."; "No existe, en estos momentos y para esta fecha, una partida del estado civil de concubinato, ...". De esa decisión se hizo eco otra de

civil del domicilio de la pareja, tal como si estuvieras registrando un nacimiento o una defunción.

No podemos subestimar al concubinato, ya que es un vínculo legalmente reconocido como cualquier otro, al punto de que el acta del registro civil que lo refleje constituye plena prueba de tal estado civil. De esta manera, no se puede mantener registrada otra unión estable de hecho. Con esa constancia, no se necesita nada más para que se reconozcan los derechos patrimoniales, en particular. Así, no es necesario acudir a juicio ni realizar trámites adicionales: simplemente presentas ese documento donde se requiera y listo.

Cuando no existe dicho registro, no significa que la relación no adquiera rango legal, solo que, como se mencionó, será necesario obtener una sentencia judicial que lo declare, la cual también deberá registrarse para contar con la fecha respectiva.

La importancia de un concubinato registrado radica en que, mientras no se declare formalmente la disolución del vínculo ante la misma autoridad, se presumirá su existencia. Esto implica que no puede coexistir una relación paralela con las mismas características. ¿Qué ocurre cuando no se declaró la disolución del concubinato y sobrevino otra relación de igual categoría? Si la primera relación terminó sin formalizar su culminación y dio paso a una nueva, y se presentan reclamos de ambas partes, el interesado deberá demostrar en juicio la extinción de la relación original y la vigencia de la subsiguiente. En el caso de que ambas relaciones subsistan, tendrá preeminencia jurídica la que esté registrada.

Las situaciones más complejas se presentan cuando no existe registro o constancia del concubinato. ¿Qué sucede, por ejemplo, cuando hay interrupciones en las relaciones concubinarias? En tales casos, no existe continuidad de la antigua unión; se comienza de cero. Si se contrajeron deudas en esa relación intercalada, quien regresa lo hace con un crédito pendiente, una deuda que debe pagar con su propio dinero. Si la comunidad concubinaria se hace cargo de ese crédito, tendrá derecho a un crédito en contra del concubino deudor en una eventual partición. Por ello, es de suma importancia establecer el inicio y fin de cada relación, ya que esto permitirá delimitar con precisión la vigencia de la comunidad de gananciales.

---

la misma sala (1°/3/23, exp. n° 22-0490 con pncia. de la mag. Gladys M Gutiérrez A.); pero resulta que para la fecha de la decisión original no existía la Ley Orgánica de Registro Civil del año 2009, que contempla en su art. 3.3. el deber de inscribir las uniones estables de hecho. (El autor).

Así, el hecho de ir y venir, de conformar una relación concubinaria e interrumpirla para luego retomarla, no necesariamente implica continuidad, aun cuando sea con la misma persona. Esto se debe a que, en el concubinato, no está prevista la figura de la reconciliación, como ocurre en el matrimonio. Veamos un ejemplo de cómo podría suceder esto:

"A" y "B" comienzan una relación sentimental, comparten el mismo hogar y gastos, y hacen notoria su vinculación, aunque no ingresan bienes a esa unión de hecho. Permanecen así por un período considerable (la jurisprudencia sugiere al menos dos años) y, por alguna razón, se separan. Como es natural, cada uno toma su rumbo sin tener que discutir sobre patrimonios. Sin embargo, pasado un tiempo, reanudan su relación, pero, durante el intervalo en el que estuvieron separados, uno de ellos estableció otra relación concubinaria y adquirió bienes. Ahora, nos encontramos ante un típico enredo patrimonial: una pareja original que se reencuentra y otra relación que ya se disolvió, ambas reclamando derechos. Una de ellas alega continuidad y la otra exclusividad.

Este escenario sugiere la existencia de tres relaciones concubinarias: la original, la que le sucedió y la que se reinicia. En tal caso, será la relación intermedia la que deberá demostrar que, durante su duración, se adquirieron bienes.

Otro aspecto para considerar es la normativa que distingue la unión estable como una relación entre un hombre y una mujer. Como bien señala el magistrado emérito del TSJ, Jesús Eduardo Cabrera, se trata de una relación permanente entre un hombre y una mujer, y no entre un hombre y varias mujeres (o viceversa[74]), aunque todas estén en igualdad de condiciones. Así, la existencia simultánea de varias "concubinas" conscientes de la situación, invalidaría la comunidad de gananciales, ya que no puede pensarse, ni siquiera hipotéticamente, en una fragmentación patrimonial ante la aceptación tácita de una situación no contemplada por la ley. En un evento de esta naturaleza, quien tenga los bienes a su nombre será quien conserve el derecho exclusivo sobre los mismos, en vista de que no puede haber varios titulares al mismo tiempo.

Por lo tanto, si la idea no es casarse, al menos se recomienda registrar formalmente la relación concubinaria para evitar estos problemas.

No podemos pasar por alto la figura del concubinato putativo[75], que se presenta cuando uno de sus integrantes desconoce que el otro está casado. En estos

74 Sent. S. Const. del TSJ, 15/7/2005, exp. n.° 04-3301.

75 "Se denomina putativo a algo (cosa o situación) o alguien (una persona) que se le atribuye, por error excusable, una calidad que no tiene. Deriva del latín putatīvus, que

casos, debe probarse en juicio si había conocimiento o no de dicha situación, para determinar si el concubino puede o no hacerse acreedor de los efectos patrimoniales similares a los del matrimonio. En resumen, se trata de la persona que ignora el estado civil de su pareja y que, por lo tanto, actúa de buena fe. Esta circunstancia implica que no debe recibir el mismo tratamiento desconsiderado que se tiene con quienes se unen a sabiendas de que la otra persona ya está casada.

Entonces, ¿cómo se maneja la situación económica entre la esposa y la concubina inocente? La respuesta es simple: los bienes adquiridos durante el concubinato putativo se dividen en partes iguales, sin la participación del infractor. Partiendo de esta premisa, es lógico aplicar la misma fórmula para las relaciones concubinarias que coexisten bajo el desconocimiento de la situación legal previa y vigente.

Tras este recorrido, no cabe duda de que el matrimonio ha perdido fuerza en la sociedad moderna, donde las uniones estables, como el concubinato, han ganado relevancia. Sin embargo, no creemos que esto represente una anarquía; al contrario, la ley y la jurisprudencia han dado forma a una realidad cada vez más acentuada, en la que, por cierto, no se reconocen relaciones sin un marco jurídico.

Esto contrasta con otros sistemas, como el islámico, donde la poligamia es permitida. En dichos países, se permite la unión simultánea de un hombre con varias esposas, con ciertas condiciones. El derecho islámico permite que un hombre tenga hasta cuatro esposas simultáneamente, siempre que cumpla con ciertos requisitos financieros y guarde igualdad de trato entre ellas. En la mayoría de los países islámicos, se exige un trámite administrativo o la aprobación de autoridades religiosas para poder tener varias esposas, y en algunos casos, como en Marruecos, se requiere el consentimiento de la primera esposa.

---

indica 'reputado' o 'considerado'". (Wikipedia).

"Por tanto, debe concluirse, que sí es factible que existan uniones estables de hecho o concubinatos putativos que se formaron o nacieron entre una mujer y un hombre, que si bien uno de ellos era casado, el otro lo desconocía, es decir, se unió establemente a dicha persona actuando de buena fe y, en ese sentido, es necesario advertir, que de conformidad con lo dispuesto en el artículo 127 del Código Civil antes transcrito, la unión estable putativa o el concubinato putativo, resulta válido y surte efectos hacia el pasado, "ex tunc", desde que comenzó, o desde que quedó demostrado que se inició la unión estable o concubinato, hasta el momento que se produce la sentencia en la cual se declara su existencia y, dicha sentencia adquiera el carácter de sentencia definitivamente firme". (Sent. n.° 495 de S. de C. S. del TSJ del 12/6/17. Exp. RC. N° AA60-S-2015-001362).

El fundamento religioso de esta institución se encuentra en el capítulo 4, versículo 3 del Corán (sura 4, aleya 3), que dice:

> *"Si teméis no ser equitativos con [la dote de] las huérfanas, entonces casaos con las mujeres que os gusten: dos, tres o cuatro, pero si teméis no obrar con justicia, entonces con una sola o las que posea vuestra diestra. Esto se acerca más a que no os apartéis de la equidad".*

La poligamia en cada país del mundo islámico no significa en modo alguno libertinaje. Al contrario, el musulmán se dedica a su esposa o esposas y sigue las indicaciones del Corán en cuanto a la fidelidad y el bienestar que debe proporcionarles, incluyendo vivienda, vestido, alimentos y atención en general, de acuerdo con sus medios y estilo de vida.

Volviendo a nuestra cultura, es importante reconocer la supremacía del matrimonio en cuanto a la continuidad de los efectos legales. No importa lo prolongada que sea una separación, el vínculo matrimonial y sus consecuencias legales siguen existiendo como si hubiera convivencia. Esto contrasta con el concubinato, donde la interrupción indefinida genera legalmente la ruptura de la unión. Como igual puede darse simplemente por el repudio expresado por cualquiera de los concubinos, o incluso si uno de ellos contrae matrimonio u otra relación concubinaria con otra persona, entre otras circunstancias que rompan la continuidad de la relación.

En cuanto a las capitulaciones en el concubinato, el Tribunal Supremo de Justicia (TSJ) dejó claro que, *"en ausencia de las capitulaciones patrimoniales admitidas en el concubinato por inexistencia o nulidad de las mismas, deberá presumirse la comunidad de bienes, salvo prueba en contrario"*[76].

Esto quiere decir que ya se cuenta con una herramienta que, sin duda alguna, brinda mayor seguridad a los concubinos. Más allá de lo correcto o incorrecto, de si el TSJ tenía la potestad para hacer algo que, por ley, está reservado a la Asamblea Nacional, es importante reconocer que este marco proporciona certeza, especialmente en caso de relaciones concubinarias intermitentes. Poco importará si una relación se interrumpe, ya que los linderos patrimoniales estarán claramente delimitados con la misma frecuencia que el número de relaciones concubinarias establecidas en el camino. ¿Qué quiere decir esto? Lo explicaremos con un ejemplo:

---

76 Sent. n.° 0652 de la S. Const., TSJ, 26/11/21.

William mantuvo una relación concubinaria con Isabel durante cinco años (del 2000 al 2005), luego con Estefanía en el período de 2008 a 2011, y posteriormente con Carlota entre los años 2015 y 2020. Después de ese tiempo, volvió con Estefanía. Con todas ellas suscribió capitulaciones concubinarias, incluyendo unas nuevas con Estefanía al retomar su relación. Esto significa que William ha mantenido sus bienes como propios, sin importar los cambios sentimentales en su vida. También es irrelevante si registró alguna de estas relaciones o si simplemente las mantuvo como uniones estables de hecho.

"Padre no es quien engendra, sino quien cría".

—Dicho popular

Además de estos polémicos derechos sobre los bienes surgidos durante la unión, se reconocen otros efectos jurídicos para el concubinato, como la presunción pater ist est[77] (presunción de paternidad) para los hijos nacidos durante su vigencia. De esta manera, se reconoce al concubino como el padre del niño concebido y nacido durante la relación, al igual que en el matrimonio.

Y aquí no termina la historia: el concubinato sigue ganando terreno, incluso en el ámbito hereditario, aplicándose las mismas reglas sucesorales que en el matrimonio, siempre y cuando el deceso de uno de los integrantes ocurra mientras la relación esté vigente.

En la misma línea, el deber-derecho de socorro se extiende también al concubinato como una unión estable, tal como sucede en el matrimonio. No podría ser de otra manera, pues se trata de relaciones humanas en las que surge esa noble obligación de socorrer al otro, ahora con respaldo legal.

Mirándolo bien, el matrimonio y el concubinato, en cuanto a su aspecto patrimonial, podrían considerarse una especie de simbiosis[78] (una relación estrecha entre organismos de distintas especies). En lo que concierne a nuestro controvertido tema patrimonial, los "organismos" involucrados serían los cónyuges o concubinos, cuya relación es, en principio, inevitablemente mutualista (donde todos los involucrados salen beneficiados).

77 El padre es aquel a quien el matrimonio muestra que es el marido.

78 Wikipedia: Según el botánico alemán Antón de Bary, resulta de "la vida en conjunción de dos organismos disimilares, normalmente en íntima asociación, y por lo general con efectos benéficos para al menos uno de ellos".

Una vez establecida la relación entre simbiontes, esta puede alcanzar diferentes grados de integración:

1. El grado de menor integración sería aquel en el que los simbiontes establecen una relación de «comportamiento». Vivirían uno junto al otro y habrían aprendido a beneficiarse de su mutua presencia.
2. Otro grado que pueden alcanzar las relaciones simbióticas sería el metabólico: frecuentemente, el producto metabólico, el exudado o el residuo de uno de los miembros de la asociación se convierte en alimento para el otro.
3. Un mayor grado de integración supondría, por ejemplo, que las proteínas de uno de los integrantes de la simbiosis se hicieran imprescindibles para el otro[79].

Así, los procesos simbióticos seguirían estos pasos: inicialmente, un individuo entraría en contacto con otro, complementándose mutuamente. Con el tiempo, la relación llegaría a ser mutualista, donde el hospedador encontraría ventajas en las características y especialidades del hospedado. Sin embargo, también puede suceder que uno de los simbiontes dependa en gran medida del otro, lo cual podría derivar en una relación parasitaria cuando uno de los dos no puede sobrevivir sin la presencia, o más bien sin el producto del otro. De llegar a este punto, la selección natural penalizaría dicha relación, reduciendo paulatinamente el número de estos individuos en la población. Por el contrario, una relación fructífera se vería favorecida[80].

Hay algo clave en esta comparación con las relaciones de pareja, y es el factor **socorro** que, por ley, se deben los cónyuges y también los concubinos, independientemente del régimen patrimonial que hayan escogido. Pongamos la lupa en cada una de las situaciones metafóricamente planteadas:

- La primera describe un nivel patrimonial de equivalencia, una relación perfectamente mutualista, donde materialmente ambos se complementan.
- La segunda representa un desbalance, donde uno tiene que suplir eventualmente al otro.

79 Wikipedia: https://es.wikipedia.org/wiki/Simbiosis.
80 ibid

- La última sería una situación donde uno de los dos tiene que cubrir íntegramente al otro por diversas circunstancias.

Esto no cambia, ya sea en el matrimonio o en el concubinato, ni depende de que se hayan establecido capitulaciones o gananciales.

Los gananciales vs. las capitulaciones

"Fueron mis ángeles los que me enseñaron a soñar, pero fueron mis demonios los que me enseñaron la realidad".

—Pensamiento anónimo

Ahora, confrontando los dos sistemas patrimoniales (capitulaciones y gananciales), que es la intención de esta entrega, creemos que vale la pena fijar agudamente la mirada en los grados de esa "simbiosis" llamada matrimonio o concubinato, para luego preguntarnos sinceramente en cuál de ellos nos ubicaría nuestra situación personal (riesgos y destino), aunque sea temporalmente. La respuesta transita por otro factor que, pese a ser efímero, es también medular en la relación: "*... se trata de un tema incompleto porque le falta respuesta, que alguno de ustedes, quizás le pueda dar...*[81]"; y ese factor es el amor, que apareja preocupación por el otro, compasión, colaboración, consuelo y la intención de que ninguno se quede relegado, menos aún defraudado o frustrado.

Nos adentramos así en el laberinto de la vida en pareja, donde se manifiestan múltiples facetas que pueden ser la causa de que empiecen a menguar la admiración, el respeto, el cariño, la pasión, en definitiva, el enamoramiento. Con el paso del tiempo, esos hermosos y enaltecidos sentimientos sufren transformaciones, dando lugar a mutaciones descomunales en las personas. Es ahí donde comienzan a vaciarse corazones para formarse caracoles, y aquella cálida compasión cambia de tinte para transformarse en maquinaciones y reacciones que, en otro momento, ni remotamente hubieran encontrado cabida en cualquiera de los dos.

---

81 COLÓN, Willie, canción: "¿Oh qué será?".

El egoísmo, el arrebato y acciones inimaginables hacen de las suyas, y hasta cuenta el condimento agregado por supuestas amistades que disfrutan la escena. Es justo ahí, en ese estado, donde ya no importa tanto, o al menos no como antes, la precaria situación económica de aquel que, por exceso de "confianza", se encuentra desprevenido y desprovisto, quedando a merced de la misericordia del cónyuge o concubino que siempre estuvo precavido. ¡Porque uno nunca sabe! Y no se trata de otra cosa, sino del sentido de supervivencia.

Parece un riesgo muy alto dejar nuestro destino económico en manos de alguien que quizás no nos quiera para siempre. Ahí radica el gran riesgo de los gananciales, un sistema vulnerable al fraude. Aquello que se decía "nuestro", en muchísimos casos, no es más que una frase hecha, precisamente por la fragilidad de ese sistema, donde el supuesto "fondo común" pudo haber sido siempre una quimera, algo etéreo; y si no lo fue desde el principio, créanlo, en el camino puede pasar de todo, como para andar desprevenidos.

Prácticamente el régimen de gananciales es un acto de fe, donde, como consecuencia de los cambios sentimentales, pueden darse las maniobras para esconder el dinero. Lo peor es que todo esto puede ocurrir en pleno estado de "normalidad" de la relación. Ahora imaginemos si se está gestando el golpe del divorcio o separación concubinaria, que es cuando aplica aquel viejo proverbio: *"Uno sabe con quién se casa, pero no de quién se divorcia".* En estas circunstancias lo primero que sucede es que se pierde visibilidad del dinero líquido. Luego, con gran preocupación hacemos un recorrido mental sobre los ingresos extraordinarios y nos quedamos nadando en el vacío. Lo mismo sucede cuando pensamos en las cuentas paralelas, donde no hace falta la firma del otro para movilizarlas o cerrarlas. Y qué decir de los poderes generales cruzados, de las inversiones en manos de terceros o de las compañías creadas con fines estratégicos cuyos accionistas y administradores, "casualmente", son personas de confianza de solo uno de los cónyuges o concubinos. En fin, el vacío sentimental hace estragos, nos embarga la tristeza, la impotencia, y lo peor: ¡la limpieza!

Y no todo el tiempo hablamos de mala intención. Esos riesgos y la incertidumbre en muchas ocasiones provienen del autoengaño, convirtiéndose la vida en un espejismo que, al desvanecerse, nos deja materialmente en el aire. Como, por ejemplo, cuando la relación se convierte en una oferta engañosa, con respuestas que no llegan a tiempo. Lo vemos a diario cuando el esposo o concubino obsequia joyas, viajes, inmuebles y vehículos con las célebres frases ¡Es tuyo!, ¡Te lo regalo!, ¡Ahí tienes las llaves! con lazo y champán incluidos.

En medio de ese pavoneo, es obligado aclarar que el supuesto obsequio no sería individualmente tuyo, sino de ambos, independientemente de quién aparezca en el título. Estarías regalándote a ti mismo porque es dinero de un fondo del cual eres copropietario, a menos que te regalen algo que sea propio, (por provenir de una herencia, entre otros casos), que no es usual. Encima, no en todos los casos se tiene el temple necesario para impedir que se venda el supuesto obsequio, sin tener certeza acerca del destino del producto de la venta.

Muy diferente sería si tu pareja, con capitulaciones, te sorprende con algo que realmente pasas a ser propietario. Una donación que no podría revocarse, como sí ocurre con los gananciales[82]. Eso sí podría resultar gratificante y un gesto de verdadero desprendimiento.

Tan vulnerable es el sistema de gananciales, que en momentos de turbulencias es susceptible de verse minado por pasivos inventados, perfectamente documentados, que comprometen a la comunidad. En pocas palabras, pudieran considerarse deudas sociales, aunque fueran contraídas solo por uno de los dos. La verdad es que mientras la relación transcurre en armonía, cuando todo es bello, no se están rindiendo cuentas ni exhibiendo recíprocamente documentos de manera periódica. Quien tiene esa capacidad no le teme ni le rehúye al tema de las capitulaciones. Bajo el imperio de estas, se evitarían auditorías extremas constantes entre las parejas, verdaderamente incómodas por la periodicidad que en principio han de requerirse para no andar a ciegas.

¡A ver!, ¿se quiere menos por tener las cosas ordenadas?, ¿o es que se pierde nobleza por la metodología? Para proteger económicamente al compañero (o compañera), solo hace falta el sentimiento y la acción que lo haga palpable. ¡El que quiere dar, lo hace y punto! Como indican las escrituras, hay deshonra en tener una forma piadosa, pero resultando falsos en el proceder[83].

---

82 Art. 1.451 del Código Civil venezolano: "Las donaciones entre cónyuges son siempre revocables por la sola voluntad del donante, manifestada expresamente en la misma forma en que hayan sido realizadas aquéllas. La revocatoria deberá ser notificada por el donante al donatario o a sus herederos".

83 "También debes saber esto: que en los postreros días vendrán tiempos peligrosos: 2 Porque habrá hombres amadores de sí mismos, avaros, vanagloriosos, soberbios, blasfemos, desobedientes a los padres, ingratos, impíos, 3 sin afecto natural, implacables, calumniadores, intemperantes, crueles, aborrecedores de lo bueno, 4 traidores, impetuosos, infatuados, amadores de los deleites más que de Dios, 5 que tendrán apariencia de piedad, pero negarán la eficacia de ella; a estos evita". (Segunda Carta de Pablo a Timoteo, capítulo 3, versículos del 1 al 5).

Hagamos una especie de ensayo sobre lo expuesto, que muestre la reacción frente a un fuerte altercado entre la pareja, capaz de trazar, aunque sea por un instante, la línea terminal. Los pensamientos más inmediatos suelen ser:

- Ambos: ¿Con qué cuento y *pa' dónde agarro?*
- Ambos: ¿A quién llamo primero, y le consulto?
- Ambos: ¿Por dónde empiezo la investigación e inventario de bienes?
- Ella: *Puedo empezar el negocio que siempre he soñado.*
- Ambos: ¿Quién se va de la casa?
- Ambos: ¿Qué será del estatus de las compañías anónimas, offshore, etc.? ¿Dónde estarán los documentos?
- Él: ¿Cuál de mis amigos y familiares estará conmigo?
- Ella: *Supongo que me quedo con la casa, por el tema de los niños y, en su defecto, "porque soy la mujer". ¡Mucho he entregado y sacrificado!*
- Él: *Los años también pasaron por aquí, no me puedo quedar limpio.*
- Ella: *He entregado lo mejor de mi vida. ¿Quién me paga el tiempo dedicado a él y a los chamos?*
- Ella: *Soy profesional, comenzar me costará menos.*
- Él: *Medita su suerte, atado a una vida aún incomprendida, creyéndose merecedor de algo mejor.*
- Ambos: *En cuanto a las deudas, ¡bueno, cada uno que pague lo suyo!*

¡Qué enredo! Pero: "La acción es el antídoto contra la desesperación".
—Joan Baez

Estas, y muchas más, son las interrogantes que como un flash se presentan en nuestras mentes todavía consternadas por el huracán sentimental que azota nuestras costas. Es como tener frío y calor al mismo tiempo. Ese desasosiego, en buena medida, logra disiparse con las capitulaciones, que brindan claridad cuantitativa, al tiempo que erradican las falsas ofertas, ya que cada compromiso cobra forma real y efectiva, y donde un obsequio es siempre un obsequio, proporcionando, por tanto, seguridad.

Los pasivos en el matrimonio o el concubinato

"Deudas tienes ¿y haces más?, si no mientes, mentirás".

—*Frase anónima*

Si hasta ahora no se comparten completamente estas nociones, creemos que este punto despertará gran interés y preocupación al mismo tiempo: la referencia a los pasivos adquiridos durante el matrimonio o el concubinato, dependiendo de si estamos en presencia de un régimen patrimonial especial como las capitulaciones o del otro, ordinario, la comunidad de gananciales. Comencemos hablando del segundo: en este supuesto, cualquier deuda, por elevada que sea su cuantía y con muy pocas excepciones, será responsabilidad de ambos, independientemente de la naturaleza de la obligación, porque la regla general en la comunidad de gananciales es que las obligaciones se suponen asumidas en beneficio de la comunidad.

Siendo esto así, ¿no será acaso una irresponsabilidad, tanto para con nosotros como con nuestra propuesta familiar, lanzarnos al vacío?, dejando que, por inercia, pena o ignorancia, rija nuestra relación un sistema patrimonial diseñado por otro en nuestro lugar: *"el legislador"*, algo así como los artículos de consumo que se producen en serie. Créanlo, no es fábula ni ficción, es real el riesgo de endeudamiento común por el comportamiento de uno de los cónyuges o concubinos.

No se trata de hechos aislados. Así como el patrimonio que integra la comunidad de gananciales se conforma por los activos que signifiquen ganancia para esta, es igualmente importante mencionar todo aquello que pueda constituir una carga que la comunidad debe asumir como ente abstracto, sin importar la discusión interna entre sus dos integrantes acerca de si la deuda los beneficiaba a ambos como pareja o si fue un compromiso irresponsable.

En este andar que significa el matrimonio o el concubinato, la parada necesaria debe hacerse justo donde se encuentran las deudas y obligaciones contraídas por cualquiera de los dos, sabiendo que no existe separación patrimonial alguna en la comunidad de gananciales mientras persista la relación. Por cierto, no se trata a rajatabla de un 50% de cada uno, es un 100% de ambos, lo cual, paradójicamente, es algo completamente diferente; es un todo indivisible. Como afirma Romina Santillán Santa Cruz[84], se trata de una titularidad sui generis de los cónyuges o concubinos respecto de los bienes que componen el patrimonio común. También puede decirse que es una "expectativa de derechos" donde no hay partes o alícuotas de cada cónyuge o concubino sobre un patrimonio considerado autónomo, pues tales derechos no se concretarán sino hasta que aparezca una "masa partible" a causa del fenecimiento o liquidación de la sociedad de gananciales, ya que se trata de un régimen de comunidad familiar.

Así como el activo es de los dos, también lo son los pasivos; que no quede duda al respecto. Esta es la diferencia fundamental con el régimen capitular, en que cada uno responde por sus propias obligaciones, salvo en el terreno del apoyo mutuo; un sistema donde las partes incluso pueden avalarse mutuamente, aunque no para responder de las ligerezas, desatinos o terquedad del otro.

El problema general en la comunidad de gananciales radica en la presunción de que las deudas se adquieren con propósitos comunes[85]. Esto entraña muchos casos de negocios inconsultos que, por infortunio, terminan en fuertes endeudamientos para la comunidad, pues nuestra legislación no contempla la participación obligatoria del otro (cónyuge o concubino) para la realización de todo

---

84 SANTILLÁN SANTA CRUZ, Romina: EL PROBLEMA DE LA NATURALEZA JURÍDICA DE LA SOCIEDAD DE GANANCIALES. Universidad de Zaragoza-España, 2020, págs. 131-133.

85 I) Responsabilidad por deudas:
La finalidad de este principio es la determinación de la forma o manera como los acreedores de alguno de los cónyuges o de ambos, pueden hacer efectivo sus respectivos derechos. En otras palabras, el principio de la responsabilidad por deudas se dirige a esclarecer cuál es la prenda común de los acreedores quirografarios de una persona casada, en el régimen de la comunidad de gananciales.
(OMISSIS) Comencemos por señalar que, en materia de administración de los bienes comunes, al actuar sea el marido o la mujer dentro de sus respectivas facultades legales, de hecho y de derecho compromete directa e indirectamente todo el conjunto de bienes comunes, aun aquellos cuya administración corresponde al otro cónyuge. (LÓPEZ HERRERA, Francisco: Derecho de Familia, Tomo II, 2a ed. actualizada, Universidad Católica Andrés Bello, Caracas-Venezuela, 2007, págs. 60-61).

tipo de negocios, y casi ninguno de estos escenarios desvirtúa la mutua afectación patrimonial.

No puede negarse que se dan situaciones o indicios que, subjetiva y moralmente, desenmascaran el juego sucio entre los cónyuges o concubinos. Esto se evidencia, por ejemplo, en la despreocupación e indiferencia del contratante acreedor (inducida por uno de los dos) al no exigir la firma de ambos en la celebración de un negocio, suponiendo en muchos casos el consentimiento implícito del otro. Sería una forma de despejar dudas sobre el destino del endeudamiento y la seriedad del negocio en puerta. Sin embargo, como diría Fabar, habría que considerar la implicación o más bien el entorpecimiento que supondría para el intercambio comercial la exigencia de que ambos cónyuges o concubinos suscribieran cada transacción económica.

Desde hace tiempo se ha buscado vías para abordar este problema, y hoy en día se habla de la consideración prioritaria de la seguridad del tráfico productivo y de los derechos de terceros. Esto se hace patente en las posibilidades concedidas a los cónyuges de actuar comprometiendo incluso los bienes comunes[86]. Esta peculiaridad se extiende a los negocios que no necesariamente provienen de un contrato formal, sino de la cotidianidad o del dinámico ritmo de ciertas actividades productivas, donde solo uno de los dos actúa, comprometiendo, no obstante, también al otro.

De este modo, los proyectos comerciales, aunque desconocidos por el otro cónyuge o concubino[87], se entienden como refrendados por ambos, lo que implica

---

86 FABAR CARNERO, Alberto. La Responsabilidad Directa con los Bienes Gananciales por las Deudas de Naturaleza Extracontractual Individualmente Contraídas. Revista de Derecho núm. 22. UNED. España, 2018, pág. 344.

87 Abrimos este inciso para referirnos a la anticuada, y nada vigente norma que marcaba la diferencia entre la mujer y el hombre comerciantes; que en el caso de ella necesitaba de la autorización del marido para comprometer a la comunidad, cuando él podía hacerlo libremente. Así se desprende del artículo16 Código de Comercio venezolano, que reza: La mujer casada, mayor de edad, puede ejercer el comercio separadamente del marido y obliga a la responsabilidad de sus actos sus bienes propios y los de la comunidad conyugal cuya administración le corresponde. Podrá igualmente afectar a dicha responsabilidad los demás bienes comunes con el consentimiento expreso del marido. Como vemos la distinción se hizo únicamente en cuanto a la mujer, quedando por tanto el hombre dispensado de cualquier exigencia en ese sentido. Desde luego, y afortunadamente dicha norma carece de total vigencia en nuestros tiempos, por cuanto colida con el artículo 77 de la Constitución de la República Bolivariana de Venezuela, que señala: Se protege el matrimonio entre un hombre y una mujer, fundado en el libre consentimiento y en la igualdad absoluta de los derechos y deberes de

que el endeudamiento que ello conlleve sea común. Así, las diversas obligaciones a plazos derivadas de adquisiciones individuales —como la compra de un inmueble, un vehículo de lujo, un yate o incluso un caballo árabe—, las deudas por tarjetas de crédito, etc., se entienden adquiridas por la comunidad, con el crédito incluido. Lo preocupante es que, en todos estos casos, quedará una deuda tácitamente autorizada, salvo que exista una garantía prendaria o hipotecaria, donde sí es necesario que ambos actúen en conjunto.

Recordemos que no es necesario el consentimiento del otro cónyuge o concubino para adquirir bienes; este requisito solo se exige cuando la intención sea vender o gravar bienes inmuebles, acciones en compañías o muebles sometidos a regímenes de registro, como vehículos, embarcaciones o aeronaves. En contraste, no se requiere el consentimiento de ambos para contraer obligaciones cambiarias, como las derivadas de la aceptación de letras de cambio, ni para ciertos préstamos documentados. De modo que, en ese manejo personal de nuestro negocio o trabajo, pueden surgir obligaciones por inversiones desconocidas hechas por el consorte o compañero de vida, que se entienden asumidas por ambos.

Si, en cambio, el esquema reinante es el capitular, cada uno paga sus deudas y decide sus propias inversiones.

¡Uf, cuánta sorpresa!

Es impactante, y hasta escalofriante, que no sepamos el quántum de nuestras obligaciones ni conozcamos a las personas que se dicen nuestros acreedores, porque su trato fue con el otro cónyuge o concubino que contrajo las deudas, ¡odioso, ¿no?!, que solo cuando ya es demasiado tarde tengamos certeza de nuestros compromisos.

Lo más antipático de las deudas contraídas durante el matrimonio o el concubinato en gananciales tiene que ver con el momento de hacerles frente, es decir, cuando su pago se hace exigible. Cuando un acreedor llama a la puerta, es para cobrarle a la comunidad matrimonial o concubinaria por una obligación contraída por cualquiera de los dos. Dicho de otra forma, de la puerta para afuera, frente a terceros, no podemos discriminar si fue él o ella quien contrajo la deuda o si esta benefició a la comunidad. En definitiva, quien debe es la comunidad[88],

---

los cónyuges...". (El autor).

88 "Las cargas de la comunidad constituyen obligaciones que deben ser asumidas por ambos cónyuges, en reciprocidad a la distribución equitativa de los bienes que conforman la misma. Se rige por dos principios: responsabilidad por las deudas y distribución de las deudas; el primero, rige durante la vigencia de la comunidad; y el segundo, entra en juego una vez disuelta; el primero, se aplica respecto de los terceros acreedores del cónyuge; y el segundo, atiende a las relaciones de los cónyuges entre

y queda como un asunto interno y moral decidir, dentro de la relación, con qué bienes se responde: si con los propios o con los comunes.

Sin embargo, el mayor inconveniente no es tanto las deudas comunes, ya que se suponen adquiridas en beneficio de ambos y pagadas con el esfuerzo de los dos. El problema va más allá, alcanzando incluso a los bienes propios por obligaciones contraídas durante la relación, sea matrimonial o concubinaria. ¿No se supone que todo lo adquirido antes de la relación es propio? Entonces, ¿cómo se responde a las obligaciones de la pareja con bienes particulares? Volvemos a lo mismo: **el acreedor busca cobrar con cualquier bien** que esté a nombre de quien asumió la deuda, sea propio o mancomunado. No es su problema si lo adquiriste antes o después de iniciar la relación; ¡después te arreglarás con tu pareja!

Distinto es el escenario cuando se liquida la comunidad, ya sea por divorcio o por separación concubinaria. En ese momento, cualquiera de los dos puede demostrar que ciertas obligaciones eran ajenas a la comunidad, lo que implica que dichas deudas deben ser asumidas como particulares. Si uno de los dos asumió pasivos excesivos, esa cantidad deberá deducirse en la partición como **una deuda privada**. En caso de no poder demostrarlo, habrá que analizar quién fue beneficiado: si la comunidad o el cónyuge/concubino de manera individual. En cualquier caso, encontrar el balance perfecto puede ser complicado.

Lo que se persigue en la liquidación de la comunidad de gananciales es que ninguno salga beneficiado sin honrar una deuda que no era común, sino privada, es decir, una inversión ajena a los asuntos de la familia. Esto se delimitará con sentido común, y luego se detallarán los puntos clave.

Un ejemplo con dos escenarios ilustra este complejo asunto:

Primera hipótesis: Jorge y Manuela, casados en comunidad de gananciales. Él es vendedor de carros y ella profesora de secundaria. Jorge decide, sin consultar a Manuela, expandir su negocio y pide prestado al Sr. Galíndez USD 30.000 con un interés del 12% anual. Jorge toma decisiones equivocadas en la adquisición de vehículos para reventa, y pronto no puede seguir pagando los intereses ni el capital. El Sr. Galíndez decide demandar a ambos como comunidad por el pago de la deuda. Manuela no puede alegar desconocimiento del negocio, porque la obligación pertenece al matrimonio, aunque sea a través de uno solo de sus miembros.

---

sí". (DOMÍNGUEZ GUILLÉN, María Candelaria. Manual de Derecho de Familia. Tribunal Supremo de Justicia. Colección Estudios Jurídicos n.° 20. Caracas-Venezuela, 2008, págs. 134-135).

Si deciden divorciarse, en la partición no se puede deducir esa cantidad a Jorge, porque el dinero se usó para la comunidad, independientemente de si fue una buena o mala inversión, o de si ella estaba de acuerdo o no.

Segunda hipótesis: Jorge pide prestado al Sr. Galíndez los mismos USD 30.000 para pagar deudas de juego (aunque con otra apariencia). Manuela tampoco puede alegar ante el Sr. Galíndez que el dinero no fue usado para la comunidad, porque la obligación es del matrimonio. El Sr. Galíndez no sabe si esos gastos de juego fueron aprobados por Manuela. Ahora bien, si deciden divorciarse, la situación cambia. En la partición, Manuela podría deducirle a Jorge esa cantidad, ya que el dinero no se usó para la comunidad.

> *"No te comprometas por otros, ni salgas fiador de deudas ajenas; porque si no tienes con qué pagar, te quitarán hasta la cama en que duermes."*
>
> *—Proverbios 22:26-27*

Hagamos una pausa para resaltar, con especial advertencia, las deudas desconocidas al momento de contraer matrimonio o iniciar un concubinato. ¿Cuánto sabemos realmente de las deudas con las que nuestra pareja llega al matrimonio o concubinato? Puede que se trate de una persona solvente, pero también puede ser un deudor moroso o con problemas financieros, ¿o acaso no se dan estas sorpresas? Claro que sí. Hay casos en los que la pareja trae consigo una carga significativa: ¡los acaudalados de obligaciones!, que, si bien serían consideradas propias por haber sido contraídas antes del matrimonio, pueden afectar a la relación y aumentar las cargas de la comunidad, especialmente cuando los intereses u otros accesorios de esas deudas pasan a ser pasivos de la sociedad de gananciales. ¡Tenebroso, ¿no?! Es un sistema donde el pasado financiero de uno puede arrastrar consecuencias indeseadas para ambos.

En cambio, en el régimen de capitulaciones, este tipo de ocultamiento no tiene sentido, ya que, de antemano, puede establecerse claramente que las deudas y sus accesorios serán propios, independientemente de si se enumeran o no. Este régimen vela por los verdaderos intereses patrimoniales de la familia, de manera que el pasado de ambos no afecte el futuro con cargas individuales.

La polarización entre los dos sistemas es tan colosal que, en el régimen de gananciales, aunque los bienes adquiridos antes del matrimonio sean considerados propios, la ley obliga a que el dinero de la comunidad se destine a cubrir reparaciones menores o el mantenimiento de esos bienes. Por ejemplo, el pago del amarre de una lancha que se trajo al matrimonio o al concubinato. La uses o no, termina siendo una obligación de ambos. Lo mismo sucede con el pago de cuotas de condominio de inmuebles: si el dueño no tiene dinero, esa responsabilidad recae sobre la comunidad, es decir, sobre los dos. Aunque algunos ven en esto una injusticia, la opinión cambia cuando se arriendan esos mismos inmuebles, pues los ingresos por arrendamiento sí se suman al "pote" común. Esto explica por qué los gastos de mantenimiento puedan ser compartidos.

Hay más: los casos de infidelidad. Cuando uno de los cónyuges o concubinos utiliza, por ejemplo, tarjetas de crédito para divertirse en salidas furtivas con su amante o sencillamente para comprarle regalos. Esas deudas, en principio, pertenecen a la comunidad. Descubrir el desliz puede ser devastador; aun así, ¿qué le dirás al banco? Las deudas, por fuerza, se cobran de la comunidad.

Otro ejemplo clave es la manutención de hijos de uno de los cónyuges o concubinos, o incluso de los suegros, cuando el obligado directo no tiene bienes propios para cubrir esos gastos. En gananciales, es un compromiso de la comunidad, lo que significa que el dinero que ambos han ganado con esfuerzo se utiliza para estos fines.

Particularmente, en el régimen de gananciales existe la obligación de la comunidad de proporcionar sustento económico a los hijos nacidos antes del matrimonio o dentro de este, aunque sean de una relación paralela. Por más odioso que pueda parecer para algunos, este principio está por encima de nuestras emociones. Ese ser indefenso está primero que nosotros, como lo señala el dicho: "uno no se casa solo, sino con un paquete completo."

Este tipo de situaciones se pueden evitar mediante capitulaciones, que establecen una separación clara entre las responsabilidades individuales.

En relación con todo esto surge una pregunta necesaria: ¿en qué casos no queda obligada la comunidad? El problema general, como ya se dijo e insistimos, radica en la presunción de que, al igual que toda ganancia se considera para la comunidad, también toda deuda adquirida por cualquiera de los cónyuges o concubinos se entiende como una inversión en la comunidad.

Desde luego, hay situaciones odiosas que crean resistencia al pago de una deuda generada por asuntos que no nos conciernen o que consideramos irresponsables, como gastos superfluos o en placeres personales con amigos o amigas (dejemos el detalle a la imaginación). Estos deslices individuales pueden dejar deudas, a veces de cuantía elevada, que terminan comprometiendo el patrimonio común sin defensa previa. Y, no puedes pedir en un tribunal que no embarguen tu 50%, porque lo cierto es que la comunidad queda comprometida, aunque sea a través de uno de los cónyuges o concubinos que contrajo la obligación. Es en una eventual liquidación de la comunidad de gananciales, como resultado de un divorcio o separación concubinaria, que quizás puedas recuperar algo, pero mientras tanto, hay que pagar. Ello porque la comunidad será responsable mientras dure la relación. En cambio, si esta termina, es cuando se podrá discutir si efectivamente era una carga de la comunidad.

Hacemos hincapié en esto porque, frente a un acreedor, no puedes con éxito discutir el origen o la naturaleza de la deuda. Él acudirá directamente a la comunidad de gananciales, que se supone responsable. Un ejemplo aclararía la situación:

Ignacio y Claudia llevan tres años de casados. Ignacio contrata a un arquitecto para remodelar un apartamento de su propiedad, lo que genera una deuda de USD 25.000. Ignacio no paga a tiempo y el arquitecto demanda a ambos, es decir, a la comunidad. Claudia no puede alegar que esa deuda es responsabilidad exclusiva de Ignacio, ya que, para el acreedor, es un asunto de la comunidad, y ellos no cuentan con capitulaciones que eximan a Claudia de esa responsabilidad. Por lo tanto, ambos pagan con los ahorros que tenían. Ahora bien, si esa situación lleva al divorcio, Claudia puede deducirle a Ignacio esa cantidad en la partición, argumentando que el dinero de la comunidad fue invertido en un asunto privado. Esto evitaría un enriquecimiento injusto por parte de Ignacio en perjuicio de Claudia.

A priori, la comunidad no se salva de casi ninguna deuda mientras el vínculo matrimonial o concubinario persista. Esto incluye la responsabilidad civil derivada de hechos ilícitos: imprevistos que generan gastos de indemnización por daños materiales o lesiones personales causados sin intención a otras personas (nada que ver con los seguros de responsabilidad civil frente a terceros). Si, por negligencia, imprudencia o impericia, uno de los cónyuges o concubinos causa un daño que requiera reparación, aunque la deuda sea individual y por tanto debería pagarse con dinero propio, la persona afectada tiene derecho a cobrarle a la comunidad. Luego, si la relación termina, ese cargo se colocará sobre la mesa en la partición para ser compensado[89].

Aunque resulte difícil de aceptar, por aquello sacramental de que, en la comunidad de gananciales, el problema de uno se supone también del otro, no funciona así cuando surge una deuda por responsabilidad civil ante terceros. En la práctica,

89 Art. 167 del Código Civil venezolano: "La responsabilidad civil por acto ilícito de un cónyuge no perjudica al otro en sus bienes propios ni en su parte de los comunes".

el responsable debería hacerse cargo con sus bienes particulares; si no, queda una deuda frente al otro cónyuge o concubino, que moralmente debiera pagarse en cualquier momento, o contabilizarse porsiacaso ocurre la ruptura de la relación. Esta es una de las incomprensiones del sistema de gananciales, que intenta, aunque no lo logra, asemejarse a las capitulaciones, las cuales pueden prever este tipo de situaciones indeseadas.

No cabe duda de que los pasivos en cualquier relación son un tema serio. A menudo, nos dejamos llevar por la corriente, asumiendo cargas que parecen normales. El problema surge en casos de divorcio o ruptura del concubinato, donde esas deudas que parecían insignificantes adoptan formas odiosas y, aun así, deben pagarse por el simple hecho de haberlas consentido. Esto ocurre cuando, de alguna manera, las deudas llevan nuestro tácito sello de aprobación. Y qué decir de las sorpresas, esas deudas desconocidas que no podemos evadir, a menos que demostremos que solo beneficiaban al cónyuge o concubino que las contrajo. Nos encontramos entonces frente a un horizonte desolador, con pocas opciones para recomponernos.

A estas oscuras situaciones jamás te arrastrarán las capitulaciones. Con ellas, sabrás todo sobre tus deudas y, ante la eventualidad de la muerte, no habrá otro infortunio desconocido que te lleve a la ruina. No se trata de satanizar el régimen de gananciales, pero es indiscutible que muchos de estos enredos patrimoniales y sorpresas desagradables pueden evitarse si se confeccionan las capitulaciones, tal como quien, antes de morir, deja todo bien planificado para evitar que sus herederos terminen enfrentados por obtener una mejor posición en la herencia, convirtiendo aquello en un verdadero infierno patrimonial. Lo mismo ocurre en la vida en pareja: entonces, ¿por qué dar un salto al vacío? ¿Acaso se quiere más a quien más compromete o arriesga? Las deudas no son algo trivial, pueden significar la paz o el desespero.

Tormentas judiciales intra- y postmatrimoniales o concubinarias

"El amor es ciego, el matrimonio te abre los ojos, y el divorcio te pone gafas."
—Refrán español

La vida está rodeada de pactos. Hacemos uno patrimonial cuando nos unimos a alguien, y de todo pacto pueden derivar disputas por deudas u otros comportamientos. La sociedad veía con horror que un cónyuge o concubino tratara de defenderse judicialmente de los trucos y actos perjudiciales del otro en asuntos patrimoniales, ¡pues, la pelea es peleando! Paradójicamente, existen acciones judiciales que los cónyuges o concubinos[90] pueden interponer entre sí para evitar o detener actos dispendiosos que pongan en riesgo el patrimonio común y el privado. Ambos aspectos comparten un denominador común: la garantía del cumplimiento de las obligaciones del hogar. En este sentido, pueden mutuamente demandarse, porque cuando se trata del bienestar del hogar, poco importa si el dinero es privado o mancomunado; ¡ese dinero tiene que aparecer! No es una obligación compartida en partes iguales; aquí pone más quien más gana.

Las necesidades del hogar imponen moderación económica, pero existen personas despilfarradoras a quienes no solo hay que vigilar, sino también

---

90 Cuando se habla de concubinos capaces de entablar una demanda contra su pareja por asuntos relacionados con la administración del patrimonio común, hay que preciar que esto es posible en aquellas relaciones que cumplieron con la formalidad de registrar la declaración de concubinato en el registro civil correspondiente. En caso contrario deben primero demandar el reconocimiento judicial del concubinato donde podrán obtener medidas cautelares para preservar bienes comunes. (El autor).

controlar y detener por el bienestar de la familia. En términos generales, el régimen de gananciales permite un mayor control del gasto debido a la existencia de un fondo común, dejando más espacio para limitar el desenfreno en comparación con las capitulaciones, donde cada uno decide el destino de su caudal privado. Sin embargo, esto no exime a nadie de las obligaciones familiares.

No sabemos cuándo nos tocará ajustar las riendas; por ello, conviene estar documentado sobre las particularidades de algunas de estas acciones judiciales que un cónyuge o concubino puede presentar contra el otro.

"Probemos un poco de ese aguardiente".

—Frase anónima

La demanda de rendición de cuentas

La comunidad de gananciales no es más que una masa patrimonial común, formada por las ganancias que los cónyuges o concubinos obtienen a través de su trabajo o negocios durante la relación, así como por los rendimientos (rentas e intereses) que generen tanto los bienes comunes como los propios de cada uno de ellos.

En esta comunidad, cuyo fin inmediato es posibilitar el adecuado cumplimiento de los deberes y objetivos del matrimonio o del concubinato, a veces solo uno de los miembros administra el patrimonio común. Esa administración puede ser transparente y diligente, pero en muchos casos se impone el egocentrismo, manejando como individual lo que es de ambos. ¿Qué hacemos si no conocemos los detalles del manejo de un negocio que supuestamente es de los dos? Todo dependerá del momento en que se presente el reclamo y de la conducta más o menos dispendiosa del cónyuge o concubino administrador.

Si el matrimonio se disuelve o la relación concubinaria termina de hecho, se abre la posibilidad de exigir la rendición de cuentas sobre los asuntos y negocios que estuvieron bajo el control de uno de los miembros. En pocas palabras, el cónyuge o concubino encargado de administrar cualquier entidad económica dentro de la comunidad de gananciales deberá rendir cuentas de su gestión.

Es importante considerar algunos aspectos clave sobre la rendición de cuentas. En primer lugar, esta acción se hace posible una vez disuelto el vínculo matrimonial o concubinario. Es decir, durante el matrimonio o concubinato no es posible pedir formalmente, a través de un juicio, que el cónyuge o concubino rinda cuentas. Sin embargo, en caso de divorcio o ruptura de la relación, la rendición de cuentas se vuelve procedente, ya que la persona que administraba un negocio común está obligada a rendir cuentas por el cargo de administrador que ostentaba.

En segundo lugar, hay que delimitar el período de la rendición de cuentas. Finalmente, es crucial que la rendición de cuentas se solicite oportunamente. Esta acción puede plantearse dentro de un lapso de diez años, contados a partir de la extinción del vínculo matrimonial o concubinario.

¿Por qué no se puede pedir rendición de cuentas durante la vigencia de la relación?

El impedimento principal radica en que la propia ley asigna a cada cónyuge o concubino la administración (mas no la disposición) de sus propios negocios, incluido el producto de su trabajo. Por lo tanto, parecería contradictorio que se deban rendir cuentas constantemente por el esfuerzo personal. Además, otro obstáculo proviene de las consecuencias que conlleva la rendición de cuentas, ya que esta podría establecer un crédito a favor del solicitante, incluso cuando el matrimonio o el concubinato sigue vigente. Esto equivaldría a una liquidación anticipada de la comunidad de gananciales, lo cual no está permitido.

La comunidad de gananciales se extingue por causas como el divorcio, la separación de hecho en el concubinato, o la muerte de uno de los cónyuges o concubinos. Por tanto, no se puede dividir ni partir el patrimonio antes de que esto ocurra, con la excepción de que se solicite una separación de cuerpos y bienes[91], que es la única vía para obtener simultáneamente el divorcio y la partición de bienes. Otros mecanismos (como el divorcio por desafecto) solo conducen primero a la disolución del vínculo y luego a la división patrimonial.

Existe una opinión disidente con respecto a la obligatoriedad de esperar hasta que el vínculo se disuelva para exigir la rendición de cuentas. La magistrada Isbelia Pérez Velásquez, de la Sala de Casación Civil del Tribunal Supremo de Justicia[92], sostiene que el deber de rendir cuentas debería mantenerse durante el matrimonio siempre que el juicio tenga como objetivo salvaguardar el patrimonio familiar y garantizar su conservación. Según la magistrada:

---

91 Art. 190 del Código Civil venezolano: "En todo caso de separación de cuerpos, cualquiera de los cónyuges podrá pedir la separación de bienes, pero, si aquélla fuere por mutuo consentimiento, la separación de bienes no producirá efectos contra terceros, sino después de tres meses de protocolizada la declaratoria en la Oficina Subalterna de Registro del domicilio conyugal".

92 Voto salvado sent. nº RC.000185 del TSJ, S. de C. Civil,13/4/15.

> *"Debe tomarse en consideración que la rendición de cuentas entre cónyuges debe ser entendida como ese derecho de información que tienen estos últimos de conocer los actos de administración y disposición que afectan a la comunidad o que pueden significar una disminución de sus posibilidades económicas en detrimento del patrimonio común o que amenace el desarrollo y bienestar integral de la familia."*

Esta posición es digna de ser considerada, y refuerza la conveniencia de las capitulaciones. Si se desea gestionar el patrimonio de forma individual durante la relación, la elección adecuada sería optar por ese régimen. Lo que no es justo es criticar el sistema capitular mientras se disfruta de sus beneficios en la práctica.

En todo caso, el cónyuge/concubino insatisfecho cuenta con otra opción judicial emergente, la cual se detalla a continuación:

Demanda por la administración irregular de los bienes comunes:

Parafraseando al insigne jurista venezolano Francisco López Herrera, se puede explicar claramente el epígrafe anunciado: se refiere al cónyuge/concubino que administra individualmente el negocio común y presenta síntomas de una administración irregular. En este caso, el otro puede acudir ante un juez para poner en su conocimiento la situación y que éste tome las medidas que considere pertinentes. ¿Cuáles serían esos síntomas? Sencillo, aquellos que evidencien dispendio o derroche debido a inversiones aventuradas o irresponsables que, en el corto plazo, resultarían en un fracaso perjudicando a ambos. Las medidas pueden ser diversas, entre ellas la designación de un veedor que supervise temporal y absolutamente todos los actos económicos del cónyuge/concubino dispendioso; también puede ordenarse que los actos de administración sean, sin excepción, enteramente mancomunados; o realizar auditorías, entre otras.

La separación judicial de bienes

Si las medidas acordadas por el juez según lo comentado anteriormente no resultaran suficientes, el otro cónyuge/concubino puede solicitar la separación de los bienes comunes[93]. ¿Cómo es posible una separación de bienes dentro del matrimonio o del concubinato? Pues sí, es posible recurrir judicialmente a ello en caso de que persista la imprudencia en la administración de los bienes comunes.

Nos queda claro entonces que la vía judicial puede ser una salida exitosa cuando se demuestra que la administración patrimonial perjudica a uno de los cónyuges/concubinos. En tal caso, se obtendría una resolución que pondría fin al régimen de gananciales, dando paso a la separación de bienes.

Este asunto que se viene comentando parece ser el engranaje de un nuevo régimen patrimonial estando vigente el matrimonio o el concubinato. ¿Cómo quedarían las cosas si prosperara una demanda de esta naturaleza? ¡Bueno!, la comunidad de gananciales sería sustituida por una comunidad ordinaria, aquella de la que puede formar parte cualquier persona sin necesidad de ostentar la condición de cónyuge o concubino. Esa comunidad, ahora ordinaria, se manejaría como cualquier otra, mediante el acuerdo de los comuneros que, en este caso, siguen siendo pareja. Según el profesor López Herrera, los efectos de esta separación judicial de bienes serían los siguientes:

1. El producto del trabajo, profesión, industria, oficio o arte de cada uno de los cónyuges pertenece en exclusividad a quien lo obtiene.
2. Desaparece la comunidad sobre los frutos, rentas e intereses procedentes de los bienes que eran propios de cada cónyuge.
3. Disuelta la comunidad de gananciales, cada cónyuge administra libremente y por su cuenta su respectiva cuota parte sobre los bienes que poseen en comunidad.
4. Una vez extinguida la comunidad de gananciales, cada cónyuge se convierte en único propietario de los bienes que adquiera en lo sucesivo.
5. La situación de comunidad ordinaria que surge entre los esposos tras la disolución de la comunidad de gananciales solo concluye con la liquidación de esta, es decir, con su división o partición[94].

---

93 Art. 171 del Código Civil: "En el caso de que alguno de los cónyuges se exceda de los límites de una administración regular o arriesgue con imprudencia los bienes comunes que está administrando, el Juez podrá, a solicitud del otro cónyuge, dictar las providencias que estime conducentes a evitar aquel peligro, previo conocimiento de causa. (...). Si las medidas tomadas no bastaren, el cónyuge perjudicado podrá pedir separación de bienes".

94 López Herrera, Francisco: Derecho de Familia, Tomo II. 2a ed. actualizada, Universidad Católica Andrés Bello. Caracas-Venezuela, 200, págs. 118-119.

Este camino o remedio judicial a una situación que nació de una administración o comportamiento irregular, capaz de comprometer el patrimonio común en el matrimonio o concubinato, parece convertirse en una suerte de cuasicapitulaciones. Prácticamente se aprovechan todas sus bondades, salvo dos aspectos que vale la pena destacar: primero, que no es fruto de un acuerdo de voluntades, sino de una imposición judicial; y segundo, lo relativo a la transitoriedad de las deudas pendientes al momento de la separación judicial de bienes. Como tal demanda debe registrarse, lo que supone que el asunto se hizo del conocimiento público, la comunidad sigue comprometida, solo hasta ese momento. En lo venidero, cada uno será responsable de sus propias obligaciones. Aun así, subsisten las obligaciones del hogar, que no varían por el esquema económico, matrimonial o concubinario adoptado.

¿Por qué la separación de bienes deriva en una comunidad ordinaria? Justamente porque se produce la disolución de la comunidad de gananciales, quedando pendiente su partición, la cual puede llevarse a cabo en cualquier momento por acuerdo de las partes o mediante un juicio. Es importante recalcar que, tras la disolución de la comunidad de gananciales, ningún otro bien que adquiera cada cónyuge formará parte de ella. Al mismo tiempo, ambos seguirán siendo propietarios, de manera indeterminada e indivisible, de todo lo que hayan acumulado previamente, como lo serían, por ejemplo, unos herederos u otras personas que compartan una comunidad de bienes. Finalmente, hecha la liquidación y partición, se realizarán adjudicaciones, y cada uno aparecerá en los registros como propietario de determinados bienes, de los cuales podrán disponer como si tuvieran capitulaciones.

Puede advertirse con desconcierto una penosa situación que bien pudo haberse evitado, si se hubiese optado por un régimen capitular. ¡Total!, ni el amor ni la rectitud dependen de eso, sino de la colaboración y el buen juicio. Nada reemplazará la buena intención de tener y mantener las cuentas claras.

No conviene saltar a otro punto sin ilustrar esto con un ejemplo básico:

Pablo y Ana, casados en comunidad de gananciales, tienen varias inversiones rentables. A él se le ocurre incursionar en la política y, de manera inconsulta, comienza a financiar cuanta campaña se le presenta, hasta que los negocios empiezan a descontrolarse, al punto de correrse el riesgo de la quiebra. Desesperada, Ana obtiene una medida de restricción en la administración, pero esto no resulta suficiente ante el afán de Pablo, quien recurre al endeudamiento para los mismos fines perniciosos. A Ana no le queda más remedio que solicitar a un tribunal la separación de bienes, y la consigue. Con esto, se produce la disolución de la comunidad de gananciales, aun cuando el matrimonio o concubinato persista. Solo quedaría la liquidación y partición de esa comunidad, ahora ordinaria, que puede hacerse en cualquier momento, cuando ambos así lo decidan o por iniciativa de cualquiera de los dos. Es importante recordar que nadie está obligado a permanecer en comunidad, por lo que cada comunero (todavía cónyuges o concubinos) conserva el derecho de exigir la partición de los bienes comunes.

Por lo visto, la comunidad de gananciales, también llamada comunidad conyugal, no es tan hermética como pareciera. Puede sufrir modificaciones estructurales sin que los cónyuges o concubinos tengan que divorciarse o separarse de hecho. Así, lo que muchos veían en los gananciales como un manto sagrado, termina regido por un régimen con la imagen y semejanza de las polémicas capitulaciones.

Después de todo, lo importante es tener en cuenta que las personas cambian, o por lo menos varía nuestra percepción de los demás, especialmente del cónyuge o concubino. Aquel ser que creíamos responsable y equilibrado, puede que en realidad no lo sea tanto, lo que nos lleva a enfrentar estas incómodas situaciones legales. Puede que influyan en la relación, ya que no fue un acto voluntario, sino la intervención de un juez quien impuso la decisión judicial. Entonces, vuelvan a preguntarse sosegadamente: ¿vale o no la pena confeccionar las capitulaciones cuando las condiciones están dadas?

El decreto judicial de separación de cuerpos y de bienes:

Al margen de la reciprocidad que tienen los cónyuges o concubinos para accionarse judicialmente por causas patrimoniales, encontramos, de cara al divorcio, las modificaciones que pueden sobrevenir al régimen económico que comúnmente manejamos, los gananciales. Ya se mencionó anteriormente que esta comunidad patrimonial comienza el día de la celebración del matrimonio o del inicio de la relación concubinaria, y que se mantiene inalterada a menos que ambos decidan celebrar capitulaciones estando casados o en concubinato, o que se declare la separación judicial de bienes a la que antes nos referimos. Sin embargo, pueden surgir circunstancias especiales y permisibles dentro del matrimonio, rumbo al divorcio, que culminan en la transformación de esa comunidad preestablecida, esta vez por intervención judicial, consensualmente activada. De este modo, llegamos al "decreto judicial de separación de cuerpos y de bienes". ¿Para qué sirve esta herramienta en nuestros días, cuando el divorcio ha adquirido la ansiada celeridad? Para mucho, ya que sigue siendo el único mecanismo que permite separarse y, al mismo tiempo, partir los bienes, a diferencia de esos divorcios expeditos donde primero se obtiene la sentencia de divorcio y luego se aborda el asunto de los bienes.

Seguramente habrán oído hablar de la "separación de cuerpos y de bienes", distinta de la actual fórmula de divorcio exprés, por desafecto. Es la modalidad tradicional que otorga un año de plazo, anticipando la posibilidad de reconciliación. Pues bien, al hacer uso de esta alternativa, se produce un primer efecto particular llamado "decreto de separación de cuerpos y de bienes". Esto no es una decisión definitiva, sino una resolución para crear un corte de cuentas que se traduce en una separación patrimonial entre dos personas que todavía están casadas, mientras se decide el divorcio. La ventaja es que, a partir de ese momento, los cónyuges quedan separados de bienes, y lo que adquiera cada uno ya no formará parte de la comunidad de gananciales.

Con peras y manzanas: si una pareja tiene bienes y decide divorciarse, puede optar por el procedimiento llamado "separación de cuerpos y de bienes". Al presentar la solicitud en un tribunal, se produce una primera e inmediata decisión conocida como el "decreto de separación de cuerpos y de bienes", dejando pendiente la decisión del divorcio. Desde ese momento, es como si la pareja viviera bajo un régimen de capitulaciones. Este decreto debe registrarse para que tenga efectos frente a terceros.

¿A partir de cuándo nos hacemos responsables individualmente de nuestros compromisos? Siempre seremos responsables de las deudas donde figuremos como deudores. La pregunta correcta sería ¿hasta cuándo responden los bienes de la comunidad?: a partir de los tres meses del registro del "decreto de separación de cuerpos y de bienes" ya no responde la comunidad. El registro del decreto de separación de cuerpos y bienes permite a terceros tener conocimiento de la situación jurídica de los bienes y tomar decisiones informadas sobre sus relaciones con los cónyuges. Todo esto ocurre mientras está pendiente la decisión del divorcio, que no es un pleito, sino un proceso consensuado que aún no se ha consumado.

El mencionado "decreto de separación de cuerpos y de bienes" conlleva una serie de efectos y consecuencias que vale la pena comentar. En primer lugar, se suspende la obligación de los cónyuges de vivir juntos y, por lo tanto, ya no existe el deber de cumplir con el débito conyugal, que no es otra cosa que el deber de mantener relaciones sexuales. Sin embargo, se mantiene el deber recíproco de fidelidad, aunque sea una utopía, ya que el matrimonio sigue vigente durante al menos un año, hasta que se dicte la sentencia definitiva de divorcio, más conocida como la conversión de la separación de cuerpos y bienes en divorcio[95]. Además, persiste la obligación de socorrerse mutuamente durante todo ese tiempo de vigencia del vínculo conyugal.

El decreto también tiene efectos patrimoniales inmediatos, ya que una vez dictado, la comunidad de gananciales se extingue. A partir de ese momento, los cónyuges pueden actuar de manera independiente en términos económicos. Pueden adquirir bienes de cualquier tipo sin temor a que el otro cónyuge pretenda derechos sobre ellos, dado que el matrimonio sigue existiendo solo en términos formales. Se produce, por así decirlo, un "corte de cuentas", que en la práctica funciona como una partición de bienes, lo que supone una modificación del régimen patrimonial, incluso estando vigente el matrimonio.

Esta modificación del régimen económico no afecta los derechos de terceros de buena fe durante el período de transición, ese en el que los cónyuges permanecen en una especie de "limbo legal". Las personas ajenas a la situación no pueden verse perjudicadas por decisiones internas de la pareja. Esto significa que las deudas contraídas durante la comunidad seguirán siendo responsabilidad de ambos cónyuges, independientemente de cómo se hayan distribuido los pasivos en la solicitud. No es sino hasta tres meses después de que el decreto de separación de cuerpos y bienes haya sido registrado en la oficina de registro público del domicilio conyugal, cuando los terceros dejan de contar con la comunidad para responder a las deudas. A partir de ese momento, deberán dirigirse exclusivamente contra el cónyuge que contrajo la deuda, como se ejemplifica a continuación:

---

95 La separación de cuerpos y bienes es una de las formas permitidas en nuestro ordenamiento jurídico para disolver el vínculo matrimonial y con ello la comunidad de bienes; no es un divorcio inmediato, sino que consiste en ir al tribunal de manera voluntaria, y mediante un escrito solicitar legalmente la separación de cuerpos y bienes. Luego de ello, la figura plantea la espera de un (1) año contado a partir de la fecha en que el juez admitió la solicitud; todo ello en procura de que los cónyuges intenten resolver sus diferencias. Cumplido el plazo del año, y no habiendo reconciliación entonces se tiene que ir nuevamente al tribunal y mediante un escrito decirle al juez que por cuanto ya ha transcurrido un año y no ha habido reconciliación, solicitamos la conversión; es decir, que se convierta esa separación de cuerpos y bienes (que no es divorcio) en divorcio, declárelo así en su sentencia. Ahí es donde el juez verifica que se cumplan con los extremos legales de la figura jurídica y sentencia el divorcio. (El autor).

"A" y "B" acuden al tribunal competente para solicitar la separación de cuerpos y de bienes mediante un único escrito que incluye la enumeración de los activos a repartir y los pasivos que asume cada uno. Aunque se estipule que todas las deudas recaen sobre "B", ambos siguen siendo responsables en su totalidad. Solo después de los tres meses de haber protocolizado (registrado) el decreto en la oficina de registro público del domicilio conyugal, se rompe el compromiso común, y a partir de entonces, solo responderá quien contrajo la deuda (es decir, quien aparece en la factura).

Hasta ahora, todo parece encajar en el manual del divorcio. Sin embargo, no debemos olvidar las complicaciones que podemos generar por nuestra resistencia al rompimiento definitivo. ¡Ya saben, esos encuentros que suceden "sin querer queriendo"! que terminan en la reconciliación durante el proceso. Puede que durante ese período se hayan adquirido bienes muebles e inmuebles o asumido nuevos compromisos, todo a título privativo o propio. Pues bien, si ocurre la reconciliación, se entenderá que la comunidad de bienes se restablece, como si la separación nunca hubiera existido. ¡¿Quééééé?! Sí, así es. Aclarémoslo: el plazo mínimo para concretar el divorcio es de un año, pero la reconciliación puede darse en cualquier momento, incluso después de ese tiempo, si ninguno ha impulsado el proceso de divorcio pendiente.

Durante ese período, estando en un estado civil que prácticamente está en el limbo[96], cualquiera de los todavía "cónyuges" puede adquirir bienes. ¿Y qué sucede con esos bienes? Algo desafortunado, debes regresar con todo, incluso con el bien que considerabas tu capital privado. ¡Borrón y cuenta nueva! Es decir, como si la separación de cuerpos y bienes nunca hubiera existido. Eso sí, se respetan los derechos adquiridos por terceros durante la separación. Ahora, ¿cómo

96 "El criterio antes transcrito, el cual esta Sala comparte, establece que la perención de la instancia resulta inaplicable en la primera etapa del procedimiento de separación de cuerpos, al considerarse esta no contenciosa y por cuanto no existe para las partes ninguna carga procesal de impulso.
En cambio, una vez transcurrido el plazo legal establecido y pedida la conversión en divorcio por alguno de los cónyuges, el juicio toma un carácter contencioso, ya que el proceso se convierte en un juico de divorcio con fundamento en la causal de separación de cuerpos, donde sí se establecen cargas para las partes, quienes deberán impulsarlo hasta que se produzca el fallo definitivo que resuelva sobre el estado civil de las partes. Es en esta segunda fase, la cual se inicia con la solicitud de uno de los cónyuges, en que la falta de impulso procesal genera los efectos legales previstos en el artículo 267 del Código de Procedimiento Civil, es decir, si se deja pasar un año sin que ninguna de las partes impulse la continuación del juicio, opera la perención de la instancia". (Sent. n.° RC.000201, S. C. Civil del TSJ, del 3/4/14, exp. AA20-C-2013-000547).

quedan estos terceros después de la reconciliación? Un ejemplo siempre ayuda a aclarar la situación:

Fabiola y Tadeo deciden separarse de cuerpos y de bienes, y obtienen inmediatamente el "decreto de separación de cuerpos y bienes". Luego, Fabiola da en comodato por cuatro años una casa que le quedó tras la separación y, tiempo después, decide reconciliarse con su marido. Esa casa, que durante la separación era exclusivamente de Fabiola, vuelve a formar parte de la comunidad de gananciales ahora restablecida. Tadeo, aunque consciente de que ese tipo de contrato es gratuito, no puede pretender que quede sin efecto, por más injusto que le parezca.

"No guardes nunca en la cabeza aquello que te quepa en un bolsillo".

—Albert Einstein

¡Ah!, y como los trámites no son precisamente nuestro mejor atractivo, basta con no registrar el documento que oficializa el restablecimiento[97] de la comunidad de gananciales tras la reconciliación, para que se genere un enorme enredo patrimonial. Continuaríamos viviendo con nuestro cónyuge, pero, hacia el exterior, seguiríamos bajo una separación patrimonial indefinida, es decir, hasta que uno de los dos se decida a cumplir con esa formalidad. ¡Esto da para mucho! Incluso podría prestarse para ciertos "trucos", ya que podríamos, bajo ciertas circunstancias, tener lo mejor de ambos mundos. Mientras no se haya protocolizado el restablecimiento de la comunidad, los terceros deben guiarse por el último documento registrado, que seguiría siendo el decreto de separación de cuerpos y bienes, el cual individualiza los pasivos.

¿Qué se quiere ilustrar con este comentario? Que esas parejas cuyo decreto de separación de cuerpos y bienes fue correctamente registrado, y que luego se reconciliaron, mientras no registren el restablecimiento de la comunidad, los acreedores no podrán cobrarles a ambos, como es habitual en la comunidad de gananciales, sino solo a quien figure en la factura.

97 Art. 179 del Código Civil: "En caso de restablecerse la comunidad, sus efectos son como si la separación no se hubiere efectuado, sin perjuicio de los derechos adquiridos por terceros durante la separación. El restablecimiento deberá constar en instrumento registrado".

Muchos autores han escrito sobre la posibilidad de restablecer la comunidad. La Dra. Isabel Grisanti[98], glosando a Ramírez Florencio, Dominici Aníbal, Barrios Guzmán Pedro y Granadillo Víctor Luis, señala que:

> *"... la comunidad conyugal puede restablecerse (...). Tal posibilidad se impone en razón de que, desaparecidos los obstáculos que determinaron su disolución, es natural que la comunidad pueda resurgir. En consecuencia, conforme a esta posición, siempre que se haya disuelto la comunidad, subsistiendo el matrimonio, aquella puede restablecerse ..."*

Por su parte, el Dr. López Herrera[99] opina:

> *"... Que ello procede solo cuando la causa de su extinción fue la separación de bienes entre los cónyuges por administración irregular o cuando dicha separación de bienes resulta... del decreto judicial de separación de cuerpos y de bienes, dictado a solicitud mutua de los cónyuges..."*

Nos adherimos a la opinión de estos distinguidos autores, subrayando que en asuntos patrimoniales es crucial prestar atención a los detalles, especialmente cuando ya se ha transitado por una separación patrimonial. No es algo trivial este asunto del restablecimiento de la comunidad. Sería, en cambio, con esa experiencia, una excelente oportunidad para empezar de nuevo, esta vez, con capitulaciones.

---

98 Lecciones de Derecho de Familia. 7ª edición, Vadell Hermanos Editores. Valencia-Venezuela, 1996, pág. 256.

99 Anotaciones de Derecho de Familia. Universidad Católica Andrés Bello. Caracas-Venezuela, 1970, pág. 533.

La acción de nulidad o de daños y perjuicios

Esta acción constituye una defensa disponible para los cónyuges o concubinos (estos últimos con la declaración registrada[100]) frente a cualquier disposición de bienes inmuebles o ciertos bienes muebles realizada de forma individual por uno de ellos, cuando se requería la actuación conjunta o autorizada. Esto abarca no solo la venta, sino también cualquier gravamen, como una hipoteca, por ejemplo. Ya hemos mencionado que no todos los negocios requieren la actuación conjunta, por lo que la nulidad solo es posible en casos que involucren la disposición de bienes inmuebles u otros bienes muebles que estén sujetos a la formalidad del registro, como la venta de un yate o una aeronave. También se incluyen las acciones en sociedades mercantiles, que, en la actualidad, deben registrarse en el registro mercantil competente.

Para que prospere la nulidad, es necesario que el tercero contratante tuviera motivos para saber que estaba negociando un bien que requería el consentimiento de ambos cónyuges o concubinos. Esto sucede, por ejemplo, cuando uno de los cónyuges se identifica con una cédula de soltero; en ese caso, no se puede exigir al tercero que investigue la verdad acerca del estado civil de la persona con quien está contratando. Si el tercero no sabía que estaba frente a una comunidad de gananciales, no prosperará la nulidad de la negociación, sino una indemnización por daños y perjuicios.

Entonces, cuando el tercero contratante haya actuado también irresponsablemente, el cónyuge o concubino afectado puede solicitar la nulidad del negocio dentro de los cinco años siguientes al registro de la operación en el caso de bienes inmuebles o de ciertos bienes muebles, y, en lo que respecta a las acciones de sociedades, dentro del mismo plazo desde su inscripción en el registro mercantil.

---

100 El asunto de los concubinos que no cuentan con la constancia [acta]o la sentencia de concubinato registrada, es que no existe otro medio para que los terceros puedan conocer previamente la existencia de tal estatus, y en tal sentido, la certeza o no sobre su situación patrimonial.
La S. Const. del TSJ con ponencia de la mgtr. Gladys M. Gutiérrez A., mediante sent. del 1/3/23, exp. n.° 22-0490, ha negado la acción de nulidad para los concubinos con base en que dicha unión estable no representa un estado civil, sin mencionar siquiera a la Ley Orgánica de Registro Civil (G.O. 39264 de 15/09/2009) que en su artículo 3.3 establece el deber de inscripción de las uniones estables de hecho; con lo que a nuestro juicio se crea ese estado civil y, por lo tanto, se confieren las mismas acciones que tienen los cónyuges, a los concubinos que cuenten con ese reconocimiento. (Vid. Loc. Cit. n.° 78). (El autor).

Cabe destacar que, si no se ejerce dicha acción en el período mencionado, solo quedará la posibilidad de reclamar daños y perjuicios entre cónyuges o concubinos. Esta acción, sin embargo, caduca al año siguiente de que el agraviado se haya enterado del hecho o de que la comunidad de gananciales se disuelva.

Como se mencionó anteriormente, permitir demandas entre cónyuges o concubinos podría parecer contrario a la unión familiar, salvo en los casos en que se busque proteger el patrimonio de la familia. En este sentido, la acción de nulidad, con su plazo de cinco años, resulta bastante viable, ya que su objetivo es justamente la protección de ese patrimonio. En cambio, cuando se trata de daños y perjuicios, el tiempo para actuar es más limitado, solo un año desde que se descubre la falta, o desde la disolución del vínculo.

Globalización de las capitulaciones

En otro orden de ideas, es necesario reconocer que el matrimonio sigue manteniendo su relevancia internacionalmente. Muchos matrimonios entre nacionales y extranjeros se celebran en el exterior, y otros ocurren entre venezolanos que poseen bienes en nuestro país. En el contexto actual, con el auge de la tecnología y la globalización en todos los ámbitos, el derecho internacional privado adquiere una relevancia fundamental. ¿Qué nos interesa saber sobre esto? Principalmente, algunos aspectos relacionados con el matrimonio y el patrimonio como, por ejemplo: ¿dónde podemos divorciarnos si vivimos en el extranjero, pero nos casamos en Venezuela? También resulta importante conocer dónde debemos entablar un pleito relacionado con nuestras capitulaciones, especialmente si se trata de bienes situados en territorio venezolano.

El tema del derecho internacional privado se hace relevante cuando hablamos de los efectos patrimoniales del matrimonio en contextos migratorios y con la existencia de capitulaciones matrimoniales.

En ese sentido, los matrimonios celebrados en el extranjero entre venezolanos, o entre nacionales y personas de otras nacionalidades, así como los matrimonios de aquellos que emigraron estando ya casados y que poseen bienes en Venezuela, suelen plantearse preguntas como: ¿cómo lograr que las capitulaciones tengan validez en Venezuela? o ¿cómo resolver asuntos relacionados con bienes desde el extranjero? Estas interrogantes son propias del derecho internacional privado, que puede tener implicaciones complejas. Es un campo que los expertos deben abordar; sin embargo, nos concentraremos aquí en ofrecer información práctica sobre matrimonios con capitulaciones en este contexto.

Nos encontramos ante dos caminos que vale la pena despejar para formarnos una idea de cómo resolver nuestros asuntos patrimoniales en un matrimonio con incidencia internacional: el derecho aplicable y la jurisdicción de los tribunales venezolanos. Específicamente, cuándo tienen jurisdicción exclusiva los tribunales de nuestro país y en qué casos estos deben aplicar el derecho extranjero.

Para comenzar, podemos destacar que la clave en este tipo de situaciones es el *domicilio* de los cónyuges, independientemente de si emigraron ya casados o si contrajeron matrimonio en otro país, pero poseen bienes en Venezuela.

¿Cómo y cuándo puede surgir un asunto de carácter internacional relacionado con nuestros bienes dentro del matrimonio? Es sencillo: cada vez que en nuestra relación se incorpora un elemento que nos conecta con otro país. Ya mencionamos varios escenarios que pueden generar esta trascendencia: matrimonios entre personas de diferentes nacionalidades, personas con arraigo en más de un país, matrimonios celebrados en Venezuela con domicilio en el extranjero, o parejas que poseen bienes en diferentes países. Todos estos temas se consideran elementos de extranjería y son capaces de generar conflictos de índole internacional. En estos casos, nuestra Ley de Derecho Internacional Privado (LDIP) actúa como guía para determinar dónde y bajo qué leyes puede resolverse una controversia de este tipo, siempre y cuando no existan tratados internacionales que regulen específicamente el asunto en cuestión.

Como ya se ha señalado, el *domicilio*[101] es la clave en este contexto matrimonial y patrimonial de carácter internacional. Es lo que la doctrina conoce como un "factor de conexión"[102], y nos indica cuál es el derecho aplicable a una determinada relación jurídica de naturaleza internacional. En términos sencillos, funciona como un letrero en la vía pública: el término *domicilio* señala qué ley se debe aplicar para resolver un asunto específico. Es este factor el que crea la vinculación jurídica internacional, porque actúa como puente de enlace con otro ordenamiento jurídico.

---

101 Artículo 22 de la Ley de Derecho Internacional Privado venezolana: "Los efectos personales y patrimoniales del matrimonio se rigen por el derecho del domicilio común de los cónyuges. Si tuvieren domicilios distintos, se aplicará el Derecho del último domicilio común". (...).

102 Para Savigny "Es el elemento que permite la remisión a otro ordenamiento jurídico, y por ende la aplicación del derecho extranjero. Es el enlace o nexo entre la relación jurídica privada internacional y el derecho llamado a regirla". (PINTOS Laura, FERNÁNDEZ ACOSTA, Juliana; ROBERTS ALCORTA, Camila; DÍAZ, Luciana. DERECHO INTERNACIONAL PRIVADO. ANALISIS DEL CAPITULO 1, TITULO IV DEL CCC. APORTES DE LA DOCTRINA Y JURISPRUDENCIA PREDECESORA Y ACTUAL. Argentina; enlace: https://www.docsity.com/es/resumen-derecho-internacional-privado-11/7740253, pág. 4).

En conclusión, el *domicilio común* de los cónyuges o concubinos (o, el último domicilio común) es de gran interés en asuntos matrimoniales o concubinarios/ patrimoniales, por cuanto es el lazo determinante de la ley que ha de aplicarse: si la venezolana o la extranjera.

Podemos verlo, por ejemplo, en casos de divorcio y separación de cuerpos, donde los trámites se rigen por el derecho del domicilio del cónyuge que interpone la demanda. De igual manera, los asuntos patrimoniales del matrimonio se rigen por el derecho del domicilio común de los cónyuges, y cuestiones como el establecimiento de la filiación o las relaciones entre padres e hijos también se rigen por el derecho del domicilio del hijo[103].

Antes de continuar, es necesario despejar la duda sobre el concubinato en esta trama internacional, ya que el marco regulatorio alude únicamente al matrimonio. Frente a esto, cabe señalar que todo este entramado internacional debería extenderse a las uniones estables de hecho, como el concubinato, ya que, en el aspecto patrimonial, estas se asemejan al matrimonio.

Ahora bien, una cosa es la ley aplicable, y otra muy distinta es si los tribunales venezolanos tienen o no jurisdicción para conocer un asunto con elementos internacionales. Lo explicaremos de la manera más sencilla posible: un juez venezolano puede estar en su despacho aplicando la ley de otro país para resolver una controversia que contenga elementos de extranjería. Asimismo, puede darse el caso de que, aunque una o ambas partes sean venezolanas, ese mismo juez no tenga jurisdicción sobre el asunto en cuestión.

Y, ¿dónde puede discutirse la validez de las capitulaciones? Lo primero que se debe señalar es que lo relacionado con la validez de las capitulaciones, por ser un efecto patrimonial del matrimonio[104] se rigen por el derecho del último domicilio

103 Arts. 23 y 24 de la Ley de Derecho Internacional Privado venezolana: "El divorcio y la separación de cuerpos se rigen por el Derecho del domicilio del cónyuge que intenta la demanda. El cambio de domicilio del cónyuge demandante sólo produce efecto después de un año de haber ingresado en el territorio de un Estado con el propósito de fijar en él la residencia habitual".
"El establecimiento de la filiación, así como las relaciones entre padres e hijos, se rigen por el Derecho del domicilio del hijo".

104 "El régimen patrimonial del matrimonio comprenderá su funcionamiento, disolución, liquidación y partición. Luego, competerá a la ley aplicable a los efectos patrimoniales del matrimonio regular cada uno de dichos aspectos". (PALLARÉS, Beatriz: El régimen internacional del matrimonio en el derecho de los países del cono sur del continente americano; enlace: https://biblioteca.cejamericas.org/bitstream/handle/2015/534/pallares-regimenpatrimonial.pdf?sequence=1&isAllowed=y; pág. 22).

común de los cónyuges. Si tuvieran domicilios distintos, entonces se aplicaría el derecho de ese último domicilio.

Lo otro que vale la pena destacar es que las capitulaciones, directa o indirectamente involucra un universo de bienes[105]. Y cada vez que esté involucrada una universalidad de bienes, los tribunales venezolanos tendrán jurisdicción en la medida de que puedan aplicar la ley venezolana, lo cual a su vez será posible si el último domicilio conyugal o concubinario se estableció en nuestro país. Es una ecuación: discusión patrimonial de la pareja (universalidad de bienes), con

---

"¿Qué ley rige el régimen económico matrimonial, de todas aquellas que nos indica el art. 9.3 CC [español]? Pues bien, esta cuestión ha sido convenientemente aclarada por la doctrina: aquella más estrechamente vinculada al matrimonio. Imaginemos que, conforme al 9.3 CC, las capitulaciones serían válidas si se hacen conforme a Derecho español, Derecho alemán o Derecho marroquí. De estos tres Derechos, ¿cuál es el que finalmente regula el régimen del matrimonio? Teniendo en cuenta criterios fácticos, el Derecho más estrechamente vinculado al matrimonio". (LÓPEZ PRIETO, Ana, dirigido por VELÁZQUEZ SÁNCHEZ, Mª Mar: LEY APLICABLE AL RÉGIMEN ECONÓMICO MATRIMONIAL, Universidad de Salamanca, (1917), págs. 30-31).

105 La universalidad de derecho es una cosa de existencia colectiva, integrada por un conjunto de derechos y obligaciones singulares, que se les designa con un nombre colectivo, como herencia, patrimonio, etc., y que constituye una unidad ideal, abstracta e indivisible, no siendo dicha unidad de naturaleza individual, sino por el contrario colectiva por estar compuesta por un agrupamiento de derechos y obligaciones singulares que tienen cada uno su esencia particular y diferente a la de la universalidad, la que constituye un todo unitario indivisible, por lo que, dicha unidad abstracta e indivisible es independiente de sus elementos integrantes, los derechos y obligaciones particulares; lo que significa que si cambian los elementos que integran la universalidad, esta subsistirá sin que se altere su esencia; ..., como expresa Gutiérrez y González al definir a la universalidad de derecho como "un conjunto de obligaciones y derechos abstractamente considerados como unidad, por lo cual de manera independiente, que las partes de esta varíen, la unidad queda sujeta a un mismo régimen jurídico. (MARTÍNEZ ALFARO, Joaquín: El Concepto de Universalidad. Facultad de Derecho. Unam, México, (1996). Pág. 254).

De estas nociones resulta fácil deducir que los regímenes económicos matrimoniales pueden encajar, perfectamente, en el concepto de universalidad, como es el caso de las capitulaciones. (El autor). Artículo 41 de la Ley de Derecho internacional Privado: "Los tribunales venezolanos tendrán jurisdicción para conocer de juicios originados por el ejercicio de acciones relativas a universalidades de bienes: 1. Cuando el Derecho venezolano sea competente, de acuerdo con las disposiciones de esta Ley, para regir el fondo del litigio; 2. Cuando se encuentren situados en el territorio de la República bienes que formen parte integrante de la universalidad

su último domicilio común en Venezuela. Hecho este que le da preferencia a la aplicación de ley venezolana. Lo que paralelamente genera que sean los tribunales venezolanos los que tengan jurisdicción para conocer del asunto[106].

Por otro lado, nos encontramos con lo que llaman *jurisdicción exclusiva.* Esto sucede cuando nuestros tribunales se reservan la potestad de administrar justicia cada vez que en una controversia sobre partición estén involucrados bienes situados en Venezuela. Entonces, ¿qué pasa si el último domicilio conyugal no fue establecido en Venezuela y hay varios bienes en nuestro territorio? Simple: los tribunales nacionales tendrán jurisdicción en la medida en que esos bienes estén situados en el territorio venezolano y formen parte de la universalidad patrimonial. Un ejemplo ayudará a entender mejor:

Eva y David, ella francesa y él venezolano, casados en Venezuela con capitulaciones, establecieron su domicilio conyugal en Francia. Eva adquirió varios bienes, tanto muebles como inmuebles, en diferentes zonas de Europa. David, por su parte, adquirió otros en suelo venezolano. David desea impugnar las capitulaciones, argumentando que tiene un mejor derecho patrimonial sin estas. En este caso, los tribunales venezolanos podrán conocer del asunto, dado que hay una universalidad de bienes, incluyendo algunos situados en Venezuela, aunque otros se encuentren en Europa.

Recapitulando: cualquier discusión patrimonial entre cónyuges, excónyuges o concubinos se rige por el derecho del domicilio conyugal o concubinario, o en su defecto, por la ley del último domicilio común. Según nuestra Ley de Derecho Internacional Privado (LDIP), en el caso de una partición de comunidad de gananciales o una impugnación de capitulaciones matrimoniales o concubinarias (por ejemplo, cuando se quiere hacer valer la comunidad en lugar de las capitulaciones), donde converge una universalidad de bienes, el tribunal venezolano será competente siempre que el domicilio conyugal (o el último) haya sido en Venezuela, ya que eso da preferencia a la aplicación de nuestro derecho.

---

106 "En los supuestos en los cuales opera el principio del paralelismo se parte de la idea de que siempre que las normas de conflicto conduzcan a la aplicación del Derecho material venezolano, los tribunales venezolanos tendrán jurisdicción para conocer del litigio". Cátedra de Derecho Internacional Privado 2012-2013 (UCV), Tomado del libro de PÉREZ PACHECO, Yaritza: La Jurisdicción en el Derecho Internacional Privado, Caracas, UCV, 2008, enlace: https://derechointernacionalprivado2012-2013.blogspot.com/2013_01_10_archive.html.

Ahora bien, si el domicilio no fue establecido en Venezuela, pero algunos bienes que forman parte de la universalidad están en nuestro territorio, nuestros tribunales aún podrán conocer del caso, aunque se aplique la ley del país del domicilio conyugal. Una pregunta que surge es: ¿qué ocurre si el domicilio conyugal o concubinario estaba en Venezuela, pero todos los bienes están situados en el extranjero? En este caso, los tribunales venezolanos podrían conocer el asunto, ya que el domicilio de la relación estaba en Venezuela. Sin embargo, el desafío sería si la sentencia será reconocida en el país donde se encuentran los bienes, ya que cada Estado tiene derecho a decidir si reconoce o no decisiones extranjeras.

Por tanto, si los bienes están en otro país, aunque los tribunales venezolanos sean competentes según el domicilio conyugal y la ley aplicable sea la venezolana, lo más práctico sería demandar donde se encuentren esos bienes. Sin embargo, si la mayoría de los bienes están en Venezuela, conviene demandar aquí y esperar que la sentencia sea reconocida en el extranjero respecto a los bienes foráneos. En cualquier caso, es recomendable contar con la asesoría de un especialista que pueda prever la acogida de una sentencia de nuestros tribunales en el país donde se encuentren los bienes, dado que se trata de una masa patrimonial y no de bienes individuales[107].

Después de todo, y en términos sencillos, ¿qué debemos retener de todo esto? Que las personas cuyo último domicilio conyugal o concubinario haya sido en Venezuela no podrán ser sujetas a otra ley más que la nuestra para resolver asuntos patrimoniales derivados del matrimonio o del concubinato, incluso si residimos actualmente en otro país. Lo que implicaría (por estar involucrada una universalidad de bienes) que nuestros tribunales sean los jurisdiccionalmente competentes, y no un tribunal extranjero.

---

107 "El precepto legal y su alcance desde de la perspectiva de las relaciones de conexión entre los bienes, estos pueden concebirse desde dos ámbitos: como bienes individualmente considerados (uti singuli) o formando parte de una masa patrimonial o universalidad (uti universo, universitas rerum o universitas bonorum). El artículo 27 [LDIP] abarca la regulación de los bienes muebles o inmuebles, pero solo de aquellos individualmente considerados". (RODRÍGUEZ REYES de MEZOA, Mirian. Los Derechos Reales en la Ley de Derecho Internacional Privado Venezolana, 20 años después, en El Anuario de la Maestría en Derecho Internacional Privado y Comparado, UCV, Caracas-Venezuela, (2019), pág. 342.

Un paréntesis especial merece el tema del divorcio con alguna incidencia internacional, donde debemos delimitar dos escenarios:

I) El novedoso divorcio por desafecto ;
II) Cuando se persiga la partición de los bienes habidos en el matrimonio.

I) Divorcio por desafecto: seguramente algo habrán escuchado de este mecanismo para divorciarse. Aquí lo interesante es que no necesitas de la otra parte para que se produzca el divorcio, debido a que está diseñado para que sea un asunto no contencioso. No es un pleito donde se deba escuchar al otro, ya que lo verdaderamente importante es el deseo, de uno solo, de divorciarse. A lo sumo se notifica al otro cónyuge de la existencia del trámite.

Puede también recurrirse a esta fórmula de manera conjunta. Siendo así, vale la pena resaltar, que en este tipo de divorcio exprés no se puede resolver el asunto patrimonial, sino que, hay que esperar que se resuelva una cosa primero, para luego tramitar lo otro separadamente, es decir, en otro procedimiento, amistoso o contencioso habrá que solucionar lo de los bienes.

Esto del divorcio por desafecto pareciera no ofrecer ningún grado de complejidad. Los problemas pueden presentarse si el caso contiene un elemento de extranjería que lo internacionaliza: por ejemplo, que ambos cónyuges tengan diferentes domicilios, uno en Venezuela y otro en el extranjero; que alguno haya adquirido una nueva nacionalidad; que se hayan casado en Venezuela y luego residenciado en el exterior, entre otros. En cualquiera de esos casos, se aplicará la ley del domicilio del demandante.

Un ejemplo sería el divorcio de un matrimonio de venezolanos que emigró y estableció su domicilio en el estado de Florida (EE. UU.), donde uno de ellos regresa a Venezuela, pero es demandado por el otro en Estados Unidos. Aunque la persona ahora resida en Venezuela, el divorcio se procesará bajo las leyes de Florida, y el Estado venezolano reconocerá esa sentencia como válida, ya que lo determinante de la jurisdicción es el domicilio del cónyuge que inició la demanda.

De igual manera, si un connacional domiciliado en el extranjero pretende divorciarse en Venezuela (por desafecto), no podrá hacerlo, ya que a su caso no le sería aplicable el derecho venezolano, y nuestros tribunales no tendrían jurisdicción, a menos que el interesado se establezca en Venezuela por más de un año. En resumen, si usted regresa solo a Venezuela y quiere divorciarse aquí, puede hacerlo después de un año de residencia. La notificación del cónyuge en el extranjero se puede realizar por los medios telemáticos, acreditando la autenticidad de la dirección electrónica u otras formas de comunicación (TIC) disponibles, tales como, aplicaciones y plataformas digitales: redes sociales, correo electrónico, etc.

Ahora bien, en medio de las aparentes complejidades que se observan en el ámbito internacional del divorcio, siempre será una solución el acuerdo entre las partes. Las parejas de venezolanos que, de mutuo acuerdo, deciden divorciarse en Venezuela, a pesar de tener su domicilio en otro país, pueden hacerlo, ya que se estarían sometiendo expresamente a la jurisdicción de nuestros tribunales[108].

II) Partición de bienes en el matrimonio o concubinato: Si lo que se pretende es liquidar la comunidad de gananciales (partir los bienes situados en Venezuela), se hace obligatorio demandar en nuestro país, ya que los tribunales venezolanos conservan jurisdicción exclusiva sobre asuntos patrimoniales cuando los bienes, que forman parte de una universalidad, se encuentran en territorio venezolano, independientemente del domicilio de los cónyuges. En este caso, se aplicará la ley del domicilio conyugal (o el último) de las personas involucradas en la relación jurídica.

Por ejemplo: Si la pareja reside en Holanda y tiene una controversia patrimonial conyugal o concubinaria vinculada a Venezuela debido a que los bienes en cuestión se encuentran en nuestro país, los tribunales venezolanos tendrán competencia jurisdiccional internacional, pero aplicarán la ley de los Países Bajos.

En cuanto a las capitulaciones matrimoniales o concubinarias celebradas en el extranjero, para que tengan validez en Venezuela, es necesario registrar el documento respectivo en la Oficina de Registro Principal de nuestro país. De lo contrario, una tercera persona que desee contratar con alguno de los cónyuges o concubinos no tendría forma de saber si responderá la comunidad de gananciales o cada uno con sus bienes propios, en caso de existir capitulaciones que establezcan un régimen divisorio.

Lo importante en cuanto a las capitulaciones matrimoniales es que sean formalmente válidas en el lugar donde fueron otorgadas y que no contraríen principios

108 Artículo 42 de la Ley de Derecho Internacional: "Los tribunales venezolanos tendrán jurisdicción para conocer de los juicios originados por el ejercicio de acciones sobre estado de las personas o las relaciones familiares: 1. Cuando el Derecho venezolano sea competente, de acuerdo con las disposiciones de esta Ley, para regir el fondo del litigio; 2. Cuando las partes se sometan expresa o tácitamente a su jurisdicción, siempre que la causa tenga una vinculación efectiva con el territorio de la República". (Resaltado del autor).

esenciales del orden público venezolano. Sobre este tema, Benito Sanso Rotondo opina:

> *"En todo caso, es necesario tomar en cuenta que en materia de capitulaciones matrimoniales [concubinarias] funciona en sumo grado el principio de orden público internacional, de manera que en general encuentran aplicación tanto los principios propios de la ley del lugar de celebración de las capitulaciones, como también aquellos del país donde las mismas deben producir sus efectos, normalmente el país del domicilio conyugal...*[109]*".*

Esto significa que, por más disímiles que sean las estructuras culturales y morales a nivel internacional, siempre existen puntos de encuentro que rechazan prácticas incompatibles con ciertos valores esenciales, como lo señala Sanso. Prevalece así el orden público internacional, que combina los principios cardinales del país donde las capitulaciones producirán efectos, en este caso, Venezuela, y aquellos del lugar donde fueron celebradas.

Algunos ejemplos de pactos que deberían ser rechazados por contravenir principios esenciales del orden público venezolano serían aquellos que condicionen el divorcio al traspaso de bienes, lo cual sería una forma de chantaje que atenta contra la libertad personal y económica; aquellos que asignen al hombre la titularidad de los bienes situados en Venezuela, por violar el principio de igualdad de género; los que reasignen bienes por renuncia a una determinada religión (apostasía), lo que atentaría contra la libertad de culto; o aquellos que inclinen desproporcionadamente la balanza en favor de uno de los cónyuges, configurando una relación más cercana a un negocio que a un acuerdo ético.

Por otro lado, sería posible que algunas capitulaciones no vayan en consonancia con nuestra legislación, como un pacto que imponga exclusivamente al hombre la carga familiar mientras la mujer está dedicada al cuidado de los hijos menores, lo que contraviene las normas venezolanas sobre el matrimonio. También se incluyen aquellos que pretenden una sociedad conyugal universal, asociando cualquier ingreso, ya sea hereditario o anterior al matrimonio, lo cual no está permitido por nuestras leyes. Aun así, tenemos que aplicar la ley extranjera, es parte de la ventaja del derecho internacional privado: la aplicación de la ley extranjera. Es una forma de extender el derecho del país donde se vive. Así, aunque el juez venezolano tenga

109 Sanso Rotondo, Benito: El Régimen Matrimonial de los Bienes en el Derecho Internacional Privado Venezolano. Revista de la Facultad de Ciencias Jurídicas y Políticas de la Universidad Central de Venezuela, número 63, (1983), pág. 141.

jurisdicción por estar en juego bienes situados en territorio venezolano, si las partes han establecido su domicilio en otro país, deberá aplicar la ley extranjera que regule las capitulaciones, salvo que esta sea manifiestamente incompatible con los principios del orden público venezolano.

En ocasiones, se intenta imponer la norma interna, como la prohibición de condicionar el divorcio por compensaciones económicas a la mujer, debido a su desincorporación laboral. Frente a esto, es fundamental reafirmar que, si en otro país ese tipo de compensación es válida, aquí también habrá de aplicarse, dado que en cuestiones como esas no se estaría comprometiendo los valores fundamentales de nuestro país.

Las suposiciones planteadas anteriormente pueden ilustrar mejor lo que implica la aplicación del derecho extranjero, incluso cuando contraviene prohibiciones de nuestra legislación. Un primer ejemplo es el pacto que constituya una forma de sociedad conyugal o concubinaria a título universal. Este tipo de pacto establece que los cónyuges o concubinos sean socios de todo lo que poseen y obtengan, sin importar la fuente, ya sea ingreso hereditario o anterior al matrimonio. Este acuerdo no está permitido en nuestra legislación, ya que la universalidad de bienes debe limitarse a las ganancias obtenidas por la pareja durante la relación para formar un patrimonio común. Sin embargo, lo que está prohibido por la ley venezolana podría pactarse válidamente en un acuerdo patrimonial extranjero. Aun así, algunos podrían argumentar que este libre intercambio de bienes presentes y futuros no debería incluir los bienes hereditarios, ya que esto implicaría admitir la sucesión contractual, lo cual contraviene los valores fundamentales de nuestra nación. Histórica y teológicamente los pactos sobre sucesión futura[110] han sido vistos como una apología a la muerte, y algunos consideran que tiñen estos acuerdos de inmoralidad, al quebrantar principios esenciales como la vida, la solidaridad, la ética y la paz. No obstante, países como Dinamarca, Alemania, Suiza, Austria, Suecia y algunos estados de EE. UU. permiten estos pactos o contratos sucesorales, basados en la libertad contractual y en el derecho de disponer plenamente de los bienes mediante testamento.

Será tarea de nuestros jueces sopesar el caso concreto frente a la modernización internacional, ya que tanto el comercio como las finanzas, y el matrimonio mismo, han cambiado. Esto es especialmente relevante con la legalización del matrimonio entre personas del mismo sexo en diferentes países y el auge del concubinato, que ahora permite celebrar capitulaciones. En resumen, los tiempos han

110 El pacto sobre sucesión futura: no es más que contratar de cualquier forma, a futuro, sobre lo que se podría recibir por herencia. (El autor).

cambiado, y lo que antes era escandaloso hoy es común. Esto sin duda influirá en las decisiones internacionales, abriendo la puerta a pactos patrimoniales, incluidos aquellos que aceptan compartir incluso la futura herencia.

Otro supuesto relevante es el pacto de socorro exclusivo temporal. En primer lugar, es oportuno recordar que, en nuestro derecho, no es posible renunciar ni condicionar los derechos de familia. Sin embargo, en este caso no estaríamos aplicando la ley venezolana, por lo que el análisis se centra en la posibilidad de importar tales derechos, siempre y cuando el acuerdo no sea tan desproporcionado que pueda considerarse un negocio. De ser así, podría contravenir lo que se denomina "principios esenciales del orden público venezolano", que no se refiere a la sensibilidad de materias no negociables, como el divorcio o la sucesión, donde priva el interés general sobre el particular, que es lo que se conoce como el orden público interno, que se dirige más bien a limitar la autonomía de la voluntad de los ciudadanos venezolanos, mientras que el orden público internacional limita la aplicación del derecho extranjero, al proteger principios de mayor relevancia[111].

¿Existe algún manual o ley que compile lo que entendemos por orden público internacional? No. Lo importante es que siempre estamos hablando de nuestro sistema ético y jurídico, solo que hay normas y principios con repercusión internacional.

Imaginemos una moneda acuñada en Venezuela con el nombre de "Orden Público". En una cara de la moneda está el orden público interno, que regula y limita la actuación de las personas domiciliadas en nuestro país en sus relaciones privadas. En la otra cara de la moneda está el orden público internacional, que representa los valores nacionales y los proyecta hacia el exterior, es decir, frente a cualquier controversia que requiera la aplicación de una ley extranjera. Estos valores o principios esenciales son los límites en la aplicación del derecho extranjero.

Cuando mencionamos el orden público interno y los "principios esenciales del orden público venezolano", puede parecer que estamos hablando de lo mismo,

111 Debemos igualmente considerar, a los efectos de la interpretación de este supuesto, que la propia Ley de Derecho Internacional Privado se refiere a «principios esenciales del orden público venezolano», con lo cual parece hacer referencia al orden público en Derecho Internacional Privado, más que al orden público interno, lo cual restringe aún más la limitación y deja en manos del juez la determinación de los casos en los cuales la derogatoria de la jurisdicción de los tribunales venezolanos es contraria a tales principios. (MADRID MARTÍNEZ, Claudia: Constitución y Derecho Internacional Privado. Revista Venezolana de Legislación y Jurisprudencia n.° 10. Caracas-Venezuela, (2018), pág. 245).

o que uno se impregna del otro. Sin embargo, responden a causas diferentes. El orden público interno es una categorización del Estado sobre asuntos sensibles que no pueden quedar en manos de particulares, ya que buscan mantener el orden social. Aquí se engloban materias como el matrimonio, los derechos de los menores, el divorcio y la filiación. En cambio, los principios esenciales del orden público venezolano son más amplios y de naturaleza filosófica, tocan la fibra de la sociedad venezolana y la nación, y están relacionados con los fundamentos básicos del Estado. Son más generalizados e incluyen valores republicanos, la esencia misma de nuestra historia y nacionalidad, nuestra ideología e idiosincrasia. Estos principios y valores esenciales son los que debemos salvaguardar a toda costa, como la libertad, la ética y la igualdad en todos los ámbitos de nuestro país, especialmente en asuntos de índole internacional, como puede ser el caso de las capitulaciones.

¿Por qué las materias que interesan al orden público interno no deben considerarse frente a la aplicación del derecho extranjero? Precisamente porque el tribunal venezolano, al actuar como tribunal internacional ante una controversia con elementos de extranjería, no debe enfocarse en lo interno, sino en observar nuestras fronteras jurídicas. Su responsabilidad es garantizar que esa ley extranjera no vulnere el orden público internacional, el cual, como hemos señalado, se nutre de los valores y principios esenciales protegidos por nuestra nación. En resumen, el tribunal debe evaluar qué es lo que puede o no formalizarse o legalizarse en nuestros tribunales, o incluso en el país, a través del reconocimiento de sentencias extranjeras. Si un pacto patrimonial, un acuerdo prenupcial, unas capitulaciones, o cualquier otro acuerdo de este tipo en el país de origen contravienen los "principios esenciales del orden público venezolano", deberán ajustarse aplicando nuestras propias normas.

Todo lo anteriormente expuesto nos lleva a la conclusión de que existen estipulaciones posibles que, aun contraviniendo prohibiciones de nuestra legislación, pueden ser aceptadas si están acordes con el derecho extranjero y no infringen los "principios esenciales del orden público venezolano". Un ejemplo sería una cláusula que establezca la manutención perpetua de la pareja tras el divorcio, algo que en Venezuela podría verse como una condición ligada al divorcio, pero que, si es válido en el derecho extranjero aplicable, no vulnera principios esenciales y, por lo tanto, sería aceptable.

"Antes sufría de amnesia, ahora no me acuerdo."

—Frase anónima

Insistimos en que las capitulaciones trascienden fronteras. No se limitan al lugar donde fueron suscritas. Persistimos en ello, porque es muy común que, al momento del divorcio, a alguno de los dos se le "olvide" que firmaron capitulaciones. ¡Sí, sucede y con frecuencia! Especialmente cuando una de las partes sale mejor librada y la otra no se conforma con quedarse sin nada, intentando entonces "quemar el último cartucho", arremetiendo contra ese documento que claramente estipulaba las reglas patrimoniales durante el matrimonio o concubinato. En casos como este, se suele invocar la permanencia del régimen de gananciales para reclamar el 50% de una eventual partición.

En este caso, una vez más, el "domicilio" de los cónyuges actúa como la brújula que señala la ley aplicable en el proceso. Un ejemplo siempre aclara mejor:

Ezequiel y Sofía, ambos venezolanos, se casaron en Miami, EE. UU., donde establecieron su último domicilio conyugal. En ese lugar también firmaron un acuerdo prenupcial que establecía una separación patrimonial absoluta. Ahora bien, Ezequiel, tras el éxito empresarial de Sofía y su consecuente fortuna, decide desconocer dicho acuerdo para intentar obtener parte de los bienes adquiridos por ella en Venezuela. Aunque obtuvieron el divorcio en Florida, Ezequiel regresa a Venezuela con la intención de impugnar las capitulaciones y buscar una partición igualitaria invocando la comunidad de gananciales.

A pesar de las complejidades procesales que este escenario podría conllevar, el caso sería posible en Venezuela por una razón clave: los tribunales venezolanos tienen jurisdicción para conocer juicios sobre universalidades de bienes cuando estos se encuentren, en su totalidad o en parte, en el territorio venezolano. Sin embargo, el juez venezolano estaría obligado a aplicar el derecho del estado de Florida, en conformidad con las reglas de la Ley de Derecho Internacional Privado (LDIP) venezolana, debido a que la ley aplicable sería la del último domicilio conyugal. Así, el tribunal decidiría si mantiene o no el acuerdo prenupcial celebrado en dicho estado o si, en su defecto, se da prioridad a la comunidad de gananciales.

"La exageración es mi única realidad."

—Diana Vreeland.

En este pasaje por la internacionalización de las capitulaciones, hacemos referencia al contrato prenupcial de los EE. UU. En términos generales este país goza de un sistema patrimonial matrimonial mucho más liberal, donde los ricos y famosos destacan con sus extravagantes acuerdos prenupciales, cuyas dimensiones a veces parecen inalcanzables para la imaginación. Las estipulaciones más singulares se hacen visibles por las causas del divorcio. Los medios amarillistas a menudo destacan cómo la infidelidad puede ser un factor de severas indemnizaciones o cómo plantear el divorcio antes del tiempo mínimo pactado de duración del matrimonio puede acarrear repercusiones económicas. No obstante, todas estas situaciones deben ser vistas en su justa dimensión.

En esencia, estos acuerdos no solo establecen las reglas económicas para el matrimonio, sino que incluyen una cláusula de "previsión de ruptura". Esta cláusula estipula que, en caso de disolución del vínculo, uno de los miembros de la pareja recibirá determinados beneficios, independientemente del motivo de la ruptura.

En los Estados Unidos, los acuerdos prenupciales, conocidos como "prenup", son válidos y utilizados en varios estados. Algunos de estos acuerdos incluyen la mencionada cláusula de "previsión de ruptura". Sin embargo, no se trata de un "libertinaje jurídico", ya que estos acuerdos deben ser proporcionados, es decir, no deben ser desmesurados o inconcebibles en el momento de la firma. Tampoco deben representar un desequilibrio patrimonial drástico para quien esté obligado materialmente. Dependiendo del estado, estas situaciones pueden evitarse mediante la divulgación previa de información financiera entre los futuros contrayentes.

Hablar de lo que se puede o no hacer en los Estados Unidos en materia de acuerdos pre- y postnupciales es adentrarse en una noción jurídica divergente, ya que estamos hablando prácticamente de cincuenta y dos jurisdicciones en un solo país, donde cada estado tiene su propia normativa civil, que en algunos casos puede diferir drásticamente de la de otro estado. Por ello, lo que presentamos aquí son nociones generales.

Por lo tanto, no se puede afirmar de manera general que en los Estados Unidos está permitido o prohibido un determinado acuerdo prenupcial o matrimonial. Es necesario indagar en cada estado para conocer las regulaciones específicas. Sin embargo, en términos generales, estos acuerdos son bastante amplios en cuanto a la posibilidad de prever cláusulas de contenido económico, ya sea relacionadas con las obligaciones naturales del matrimonio o con sus efectos ante una posible ruptura, como hemos mencionado antes.

En contraste, las cláusulas sin contenido patrimonial suelen excluirse, ya que no están relacionadas con asuntos económicos del matrimonio. Por eso, pocos estados permiten cláusulas que imponen sanciones por consumo de drogas o estipulan relaciones sexuales un número determinado de veces por semana. Aunque no siempre prohibidas explícitamente, estas cláusulas, que intentan regular aspectos estrictamente personales, rara vez se aplican.

Después de ver publicaciones sensacionalistas sobre acuerdos prenupciales en EE. UU. que mencionan castigos por infidelidad, precios por hijos y premios por la duración del matrimonio, investigamos los mitos y realidades de estos acuerdos en Estados Unidos. Así descubrimos la ley modelo (The Uniform Premarital and Marital Agreement Act)[112].

Este marco normativo propone estándares mínimos de equidad en este tipo de acuerdos, y fue creado por una comisión encargada de promover la unificación de leyes en los Estados Unidos, específicamente en lo relativo a acuerdos prenupciales para que los estados miembros ajusten sus normativas a criterios uniformes.

También proporciona información sobre la renuncia a derechos y deberes del matrimonio, incluyendo derechos sucesorales[113]. Es una guía para entender lo que puede incluir un acuerdo pre- o intramatrimonial, según las leyes estatales.

---

112 "El enfoque general de esta ley es que las partes deben ser libres, dentro de amplios límites, para elegir los términos financieros de su matrimonio. Los límites son los del debido proceso en formación, por un lado, y ciertos estándares mínimos de equidad sustantiva, por el otro". (Notas preliminares de la Ley Uniforme de Acuerdos Prematrimoniales y Matrimoniales para EE. UU. (2012) /The Uniform Premarital and Marital Agreement Act (2012). 'Acuerdo prematrimonial' significa un acuerdo entre personas que tienen la intención de casarse que afirma, modifica o renuncia a un derecho u obligación conyugal durante el matrimonio o en la separación, disolución del matrimonio, muerte de uno de los cónyuges, o la ocurrencia o no de cualquier otro evento. El término incluye una enmienda, firmada antes de que las personas se casen, de un acuerdo prematrimonial". (ibídem, pág. 3).

113 "A saber, las partes pueden pactar sobre la aceptación, modificación o renuncia de los derechos que el matrimonio concede... También pueden hacerlo sobre los derechos que surjan en caso de ruptura del vínculo o por fallecimiento de uno de los miembros de la pareja. En cualquier caso, a falta de acuerdo procederán los derechos que el ordenamiento jurídico de cada Estado reconozca en los diferentes supuestos". (CERVILLA GARZÓN, María Dolores: ACUERDOS PREMATRIMONIALES Y MATRIMONIALES EN EL ACTUAL DERECHO DE LOS ESTADOS UNIDOS.

Con base en este documento modelo se concluye que, "quien puede lo más, puede lo menos". Por ejemplo, si un cónyuge puede renunciar a una pensión de manutención sin que esto afecte al Estado. Igualmente, si se puede renunciar a derechos conyugales en caso de fallecimiento, es razonable pensar que una cláusula prenupcial que contemple una indemnización por el daño moral que trae consigo la infidelidad, podría ser válida.

No obstante, insistimos en que este tipo de cláusulas van más allá de las obligaciones financieras propias del matrimonio. Se trata de sanciones económicas por conductas asumidas durante el matrimonio, un enfoque diferente que ha sido rechazado por algunos tribunales en los Estados Unidos[114]. Aun así, nada se pierde con incluir este tipo de cláusulas en un acuerdo; después de todo, el papel aguanta todo.

También es importante saber que, en la práctica jurídica de los Estados Unidos, hay dos momentos clave en los que un acuerdo puede ser declarado inválido. El primero es en el momento de su firma, cuando entran en juego cuestiones formales y la asesoría legal previa; el segundo es en el momento en que el acuerdo debe aplicarse, lo que significa que ambas circunstancias deben ser consideradas para determinar la eficacia del acuerdo.

En opinión de María Dolores Cervilla Garzón, quien comenta sobre la Ley Uniforme de Acuerdos Prematrimoniales y Matrimoniales de EE. UU. (2012) (*The Uniform Premarital and Marital Agreement Act*), todo dependerá de las circunstancias en las que deba aplicarse el acuerdo:

> *"... se consagra en este texto la posibilidad de que los tribunales declaren ineficaz un acuerdo que, aunque nació válido, no pueda ser considerado como tal, pues al momento de aplicarse se observa una injusticia substancial debido al cambio de circunstancias. A fin de interpretar el sentido de "cambio de circunstancia" hemos de tener presente que no cualquier cambio de circunstancias se considera relevante hasta el punto de declarar sin efectos un acuerdo válidamente celebrado,*

Universidad de Cádiz. España. Revista de Derecho Civil, vol. IV, núm. 2 (abril-junio, 2017), pág. 41).

114 Op. cit. "Diosdado contra Diosdado, 118 cal. Rptr.2d 494, 496-497 (Cal. App. 2002) (denegado hacer cumplir la disposición en el acuerdo que impone una sanción financiera por infidelidad)", pág.19. Enlace:https//www.uniformlaws.org/HigherLogic/System/DownloadDocumentFile.ashx?DocumentFileKey=f5d36125-9433-c7d8-28ec-6244f4a316e6&forceDialog=0).

> *pues durante la vida de un matrimonio es lógico que las circunstancias varíen sensiblemente en relación con las existentes cuando el matrimonio se celebró*[115]*."*

Al leer estos comentarios de María Dolores Cervilla, podemos identificar una fragilidad inherente al acuerdo prenupcial, ya que los tribunales estadounidenses tienen una amplia potestad para revisar su validez. Esta "segunda mirada" de los jueces es una precaución esperable, no solamente por un posible cambio de circunstancias, sino dado el gran número de cláusulas creativas e innovadoras que se han visto en estos acuerdos.

Sin embargo, no podemos negar que, cuando hablamos de beneficios acordados en casos de ruptura, existen ciertas excentricidades cuantitativas, ya que poco importa si el beneficiario ya goza de una holgada situación económica. Lo crucial, en estos casos, es que las circunstancias no cambien drásticamente para quien esté obligado a pagar. No obstante, es importante advertir que esas extravagancias tienen poca cabida en nuestro sistema legal, ya que no es posible condicionar el divorcio. Aun así, consideramos que es válido atreverse a incluir este tipo de cláusulas por la simple extinción del vínculo, pero en una justa dimensión, sobre todo cuando representan una mejoría sin llegar a convertir la situación en un negocio.

Todo esto es válido, claro está, siempre y cuando no se contravengan disposiciones prohibitivas de nuestra legislación ni se atente contra el orden público o las buenas costumbres.

115 Op. cit. CERVILLA GARZÓN, María Dolores, págs. 46-47.

Reflexión

Más que un final, un pensamiento que propone una forma más ordenada de vivir en pareja: **"JUNTOS, PERO CON CAPITULACIONES"**.

Esta manera de gestionar el patrimonio en el matrimonio o el concubinato no implica en lo absoluto una separación emocional ni mucho menos un alejamiento económico, sino más bien una forma de clarificar la cooperación para una verdadera inclusión. La actitud, que es lo más importante, no depende de ningún régimen patrimonial ni papel. Más bien, hablar de capitulaciones puede entenderse como un acto de sinceridad en las relaciones de pareja. No se puede negar que, incluso hoy, estos acuerdos representan un desafío social, ya que son confrontacionales y metódicos. Pero para la seguridad, siempre es mejor contar con la titularidad clara de los bienes, de modo que, si hay pérdidas, porque cuando median los sentimientos siempre hay riesgo de que las haya, no sea uno quien pierda todo. En el régimen de gananciales, ¿quién gana realmente? ¡Las apariencias engañan! Aunque el sistema tradicional ofrece soluciones, estas son inciertas y burocráticas.

Es mejor optar por algo que realmente permita contribuir sin comprometer los sueños, mientras enfrentamos las inevitables contradicciones y vaivenes de la vida en pareja. ¿Por qué no tomar precauciones para evitar infortunios si la supervivencia depende de nosotros mismos? A veces, caminar en pareja puede sentirse inestable, como caminar sobre piedras, pero que nunca sea un salto al vacío. ¡Si ni siquiera tus padres pudieron socorrerte porque poco dejaron!, ¿cuánto más te querrá un compañero que puede ser temporal? Así que, lleva tu amuleto que te libre siempre de todo mal, porque pensar en ti, no significa dejar de pensar en el otro.

Glosario

Ajustado al tema de forma didáctica:

- Autonomía de la voluntad: obrar de tal modo que la voluntad pueda considerarse a sí misma como hacedora de la ley universal. Refiere a la libertad de reglar o constituir, sin más extremos legales que nuestra propia voluntad.
- Bienes privativos: son aquellos que quedan fuera del régimen de bienes gananciales. Los que pertenecen al cónyuge, antes, durante y después del matrimonio, por fuerza del origen de la adquisición (herencia, donación, soltería, etc.).
- Causante: persona fallecida que deja bienes de fortuna.
- Colación: mecanismo de devolución o reporte de bienes a la herencia, que fueron dispuestos en vida por el causante.
- *De cujus*: persona fallecida.
- Derecho de habitación: es aquel que otorga a su titular el derecho a ocupar en un inmueble la parte necesaria para él y su familia, con la finalidad de satisfacer sus necesidades de vivienda.
- Derecho de uso: como lo indica la expresión, derecho solo a usar las cosas, con la limitación de disposición, ya sea con o sin contraprestación.
- Derechos proindivisos: cuando la propiedad de una cosa o un derecho pertenece en comunidad a varias personas con división virtual entre los mismos.
- Documento público: aquel que se produce u otorga frente a un funcionario que con ese mismo carácter le confiere tal rango, por refrendar su contenido.
- Emancipación: estado civil que habilita al menor para regir su persona y sus bienes como si fuera mayor de edad, pero con ciertos límites, espe-

cialmente en el ámbito patrimonial, donde cualquier acto que exceda la simple administración de sus bienes requiere de autorización judicial.

- Enajenar: es un acto jurídico mediante el cual se transmite a otro la propiedad de un bien, a título gratuito u oneroso. Más ampliamente, la acción de vender, traspasar, donar o ceder el derecho que se tiene sobre un bien a otra persona.
- Extraterritorialidad de la ley: efecto de la ley fuera de las fronteras naturales.
- Factor de conexión: es un elemento de derecho internacional que refiere al punto de enlace entre dos legislaciones frente a una determinada situación jurídica, puede ser el domicilio, la nacionalidad o el lugar donde se encuentren ubicados los bienes.
- Fideicomiso: contrato en virtud del cual una persona "fideicomitente" transfiere ciertos bienes o derechos a una especie de administrador (fiduciario) para que este disponga de los mismos con el objeto de realizar los fines para los cuales fue creado, en beneficio de la misma persona que lo constituyó, o de terceros previamente designados.
- Frutos civiles: aquellos distintos de los naturales. Son los rendimientos, como las rentas, los intereses, por ejemplo.
- Gananciales: adj. de la ganancia o relativo a ella. En matrimonio, lo que se vaya ganando o adquiriendo para los cónyuges, independientemente de quien lo gane o adquiera.
- Herederos forzosos o legitimarios: son los parientes más próximos al causante, que no pueden ser desheredados por este, sin causas justas, es decir, aquellos a quienes la ley les concede automáticamente la legítima.
- Imputación: es el colocar a cuenta de la legítima lo que un legitimario ha recibido de su causante como heredero, como legatario o como donatario, es decir, todo aquello que se recibe gratuitamente en vida del causante y también lo dejado por este, vía testamentaria.
- Inspección ocular: hacer constar las circunstancias o el estado de los lugares o de las cosas que no se pueda o no sea fácil acreditar de otra manera, sin extenderse a apreciaciones de ningún tipo.
- Legado: acto a través del cual una persona en su testamento decide repartir una parte muy concreta de sus bienes a otra persona determinada. Hablamos en todo caso de bienes individuales, y no de porciones del patrimonio.
- Legislador: la institución o ente que crea las leyes.

- Legítima: porción de bienes de la que el causante no puede disponer por haberla reservado la ley a determinados herederos llamados forzosos o legitimarios; representa el 50% de haberes, que debe respetarse tanto en las donaciones como en testamentos.
- Legitimario (ver heredero forzoso).
- Lesión patrimonial: consecuencia económica negativa de un contrato o circunstancia jurídica.
- Liberalidad: generosidad, desprendimiento, esplendidez. Dícese de aquello de lo que disponemos sin contraprestación alguna, o más bien a título gratuito.
- Nugatorio: negado de antemano.
- Orden público: concepto un tanto indeterminado; entraña el respeto al orden social en general.
- Plusvalía: valor natural y extraordinario agregado a las cosas, por causas extrínsecas a su forma original.
- Prenda común de los acreedores: este principio significa que todos los bienes del patrimonio del deudor responden por las deudas que él tenga.
- Quirografario: dícese del crédito que no tiene garantías específicas que respalden su recuperación, sino que está garantizado solo por el patrimonio del deudor.
- Rescisión: mecanismo jurídico de extinción de los contratos. Acción y efecto de dejar sin efecto un contrato o adecuarlo descartando los aspectos perniciosos.
- Simulación: acuerdo entre contratantes tendiente a hacer creer en la existencia de una convención (acto aparente o simulado) que no corresponde a su voluntad verdadera.
- Supérstite: es el que sobrevive al otro cónyuge, para el cual existen normas que lo amparan, referidas a los problemas que le crea la muerte de su consorte, tales el derecho sucesorio.
- Tracto sucesivo: de lo consecutivo. Lo que sucede de forma reiterada o continua.
- Usufructo: el derecho de disfrutar de los bienes ajenos, beneficiándose de su utilidad, frutos o provechos.
- Vocación hereditaria: es una condición para que se adopte la calidad de heredero. Es el llamamiento legal o testamentario a la adquisición del conjunto de titularidades transmisibles del causante.

Bibliografía

- BAYOD LÓPEZ, María del Carmen: *Sujetos de las Capitulaciones Matrimoniales Aragonesas.* Zaragoza-España. Institución "Fernando el Católico", 1995;
- BRICEÑO RAMOS, Asunta: *El Derecho de Autor en el Matrimonio en la Ley sobre Derecho de Autor Venezolana.* Caracas-Venezuela. Revista Propiedad Intelectual, nº 6 y 7, año 2004;
- CÁRCABA FERNÁNDEZ, María: *Las Capitulaciones Matrimoniales.* Servicios de Publicaciones de la Universidad de Oviedo España, 1992;
- CERVILLA GARZÓN, María Dolores: *ACUERDOS PREMATRIMONIALES Y MATRIMONIALES EN EL ACTUAL DERECHO DE LOS ESTADOS UNIDOS*: The Uniform Premarital and Marital Agreement Act (2012). Universidad de Cádiz. España. Revista de Derecho Civil, vol. IV, núm. 2 (abril-junio, 2017);
- DOMÍNGUEZ GUILLÉN, María Candelaria: *En torno a la renta vitalicia.* Rev. Boliv. de Derecho Nº 30, ISSN: 2070-8157, Caracas-Venezuela, 2020;
- DOMÍNGUEZ GUILLÉN, María Candelaria: *MANUAL DE DERECHO DE FAMILIA.* Caracas-Venezuela. Tribunal Supremo de Justicia. Colección Estudios Jurídicos, n.º 20, 2008;
- FABAR CARNERO, Alberto*: La Responsabilidad Directa con los Bienes Gananciales por las Deudas de Naturaleza Extracontractual Individualmente Contraídas,* España. UNED. Revista de Derecho, núm. 22, 2018;
- FERRER, Francisco A. M.: *El Régimen Patrimonial del Matrimonio.* Argentina. Editores Rubinzal-Culzoni, 2017;
- FIGUEROA TORRES, Marta: *Autonomía de la Voluntad, Capitulaciones Matrimoniales y Pactos en Previsión de Ruptura.* En España, Estados Unidos y Puerto Rico. Madrid-España. Editorial Dykinson S.L., 2016;

- GRISANTI AVELEDO de LUIGI, Isabel: *Lecciones de Derecho de Familia.* 7ª edición. Valencia-Venezuela. Vadell Hermanos Editores, 1996;
- HERNÁNDEZ RUEDA, Nuria: *Régimen de Responsabilidad por Deudas Privativas Durante la Vigencia de la Sociedad de Gananciales.* Sevilla-España. Editorial Dykinson, 2002;
- LLEDÓ YAGÜE, Francisco, FERRER VANRELL, María Pilar (coord.), MONJE BALMASEDA, Óscar: *Los Regímenes Económicos Matrimoniales en los Derechos Civiles Forales o Especiales.* España. Editores Dykinson, 2010;
- LÓPEZ HERRERA, Francisco: *Anotaciones de Derecho de Familia.* Caracas-Venezuela. Universidad Católica Andrés Bello, 1970;
- LÓPEZ HERRERA, Francisco: *La Nulidad de los Contratos en la Legislación Civil de Venezuela,* Caracas-Venezuela. Edit. El Cojo, S.A., 1952;
- LÓPEZ HERRERA, Francisco: *Derecho de Familia,* Tomo II, 2ª ed. actualizada. Caracas-Venezuela. Universidad Católica Andrés Bello, 2007;
- LÓPEZ HERRERA, Francisco: *Derecho de Sucesiones,* Tomo I, 4° ed. Caracas-Venezuela. Universidad Católica Andrés Bello, 2011;
- LÓPEZ HERRERA, Francisco: *Derecho de Sucesiones,* Tomo II, 2° ed. Caracas-Venezuela. Universidad Católica Andrés Bello, 1997;
- LUQUIN BERGARECHE, Raquel: *La Donación Propter Nuptias en el Régimen Común y Foral: sus retos en el actual contexto social.* España. Revista Jurídica de Navarra ISSN: 0213-5795, nº 50, julio-diciembre 2010;
- MARTÍNEZ ESCRIBANO, Celia: *Pactos Prematrimoniales.* España. Editorial Tecnos, 2011;
- PARRA ARANGUREN, Gonzalo: *El Régimen de los Bienes en el Matrimonio en el Derecho Internacional Privado.* Caracas-Venezuela. Universidad Católica Andrés Bello, 2007;
- PÉREZ MARTÍN, Antonio Javier: *Pactos Prematrimoniales. Capitulaciones Matrimoniales, Convenio Regulador, Procedimiento Consensual.* Valladolid-España. Editorial Lex Nova, S.A., 2009;
- RIERA AISA, Luis: *Los Capítulos Matrimoniales en el Derecho Civil Aragonés.* Zaragoza-España. Universidad de Zaragoza. Revista de Cultura y Vida Universitaria, 1934;
- ROZALÉN CREUS, Lucía: *Validez y Eficacia de los Pactos Matrimoniales.* Pamplona-España. Editorial Aranzadi, 2019;
- SANSO ROTONDO, Benito: *El Régimen Matrimonial de los Bienes en el Derecho Internacional Privado Venezolano.* Revista de la Facultad de Cien-

cias Jurídicas y Políticas de la Universidad Central de Venezuela, número 63, 1983;

- SANTILLÁN SANTA CRUZ, Romina: *EL PROBLEMA DE LA NATURALEZA JURÍDICA DE LA SOCIEDAD DE GANANCIALES.* Universidad de Zaragoza-España, 10 de julio de 2020;
- SOJO BIANCO, Raúl: *APUNTES DE DERECHO DE FAMILIA Y SUCESIONES,* decimocuarta ed. Caracas-Venezuela. Mobil Libros, 2004;
- TORRADO, Helí Abel: *Unión Marital de Hecho. De la Sociedad Patrimonial entre Compañeros Permanentes.* Lecciones Básicas de Derecho Civil, 4ª. ed., Colombia. Universidad Sergio Arboleda, 2014;
- TORRES GIRALDO, Ignacio: *María Cano, Mujer Rebelde.* Bogotá-Colombia. Editorial De La Rosca,1972;
- URIBE de ACOSTA, Ofelia: *Una Voz Insurgente.* Bogotá-Colombia. Ediciones Guadalupe, 1963.